SCIENCE

岩波科学ライブラリー 330

新版
外国語学習に成功する人、しない人

第二言語習得論への招待

白井恭弘

岩波書店

新版へのまえがき

本書の初版が出版されたのは２００４年、今から20年も前のことです。その当時は、第二言語習得という学問分野については、学者の間では知られていたものの、一般にはほとんど知られていませんでした。本書は、初めて一般読者向けに書かれた第二言語習得の入門書として出版されました。その後、第二言語習得という分野はある程度一般に認知されるようになってきたようです。多くの民間の英語学校でも「第二言語習得研究にもとづいた指導法」を掲げるようになり、本書の続編である『外国語学習の科学』(岩波新書)も含め、多くの一般向け書籍が出版されています(巻末の参考文献を参照)。学校の英語教育や、教科書作成においても、第二言語習得の研究者が中心となってきており、その影響力は広がっているようです。

一方、外国語学習を取り巻く環境もこの20年で大きく変化してきました。この間、目覚ましい変化を遂げたのがコンピューター関連の技術革新です。スマートフォン(スマホ)、インターネットの普及により、外国語学習が大きく変わりました。たとえば、ネット上で使える辞書・教材が増え、自宅でもどこでも手軽に勉強できるようになり、外国語を聞いて勉強することもスマホとインターネットの普及で容易になりました。また、自動翻訳の精度が向上したので、外国語の勉強はしなくてよいのではないか、という声も聞かれます。一方、２０２０年以降のコロナ禍で日常化したインターネットによるオンラインコミュニケーションが増え、それとともに外国とのコミュニケーションも容易になり、その際の共通語として英語の重要性がよかれ悪しかれ高まっています。ノンネイティブ（非母語話者）同士で英語を話すという状況も日常化しています。

この新版では、初版の記述を全体的に見直すとともに、初版刊行後の20年で起こった状況の変化にもとづいて、新しい内容、たとえばChatGPTなどの生成ＡＩ、初版で取り上げて注目を集めた「アルコールの効用」に関しての新しい研究、テクノロジーや入試改革と外国語学習の関係などを補章やコラムとして加えました。新しい状況の中で外国語学習にどのように取り組めばよいか、考えてみたいと思います。

２０２４年10月

著　者

目　次

カバーイラスト＝mutsumi

プロローグ

外国語学習に王道はあるか

外国語をマスターする、ということは容易ではありません。私たち日本人の多くは、中学、高校の6年、大学に進学すれば8年以上、しかもその間かなりの時間と労力を費やして英語を学んできましたが、まともに使えるようになるケースは稀です。巷《ちまた》には英語学習教材があふれ、どれを手にとっても、似たりよったり。そうかと思えば、「英語は勉強してはいけない」とか、「1日10分聞き流すだけでペラペラになる」といったような、奇をてらった教材やノウハウ本が、爆発的に売れたりします。いったい、何を信用すればよいのでしょうか。効果的な外国語学習法というのはあるのでしょうか？　また、あるとすれば、それはどのようなものでしょうか？

日本でも、英語を使える日本人の育成が問題となっていますが、アメリカでは、2001

年9月11日の同時多発テロ事件を境に、政府が外国語学習の問題をより真剣に考えるようになりました。なぜテロ攻撃を防げなかったのか。これにはさまざまな理由があげられましたが、その1つにアメリカ人の外国語能力の低さがありました。

英語が国際語であるためか、アメリカ人は外国語があまりできないといわれています。そのせいで、テロリストたちが使っていた言語(アラビア語など)を解読できる人材が不足していたことが、諜報活動の妨げになった、という発想です。高い外国語能力をもった人材を育成するにはどうすればよいか。これは9・11同時多発テロ後のアメリカにとっては死活問題であり、そのような研究に多額の補助金が出るようになりました。

社会における現実的な問題を解決しようとすれば、当然ながらその問題に関する専門家の意見を参考にすることになります。外国語学習については、伝統的には言語学、心理学の専門家がそのような役割を担ってきましたが、どちらの分野にとっても、外国語学習というのは周辺的な問題で、それほど真剣に研究が行われているわけではありません。また、外国語学習にはかなり複雑な要素が絡み合っているため、言語学、心理学の周辺分野として研究されているだけでは、十分にそのメカニズムの解明は進まないのです。

このような学問的な背景、そして外国語学習を効率よく行いたいという社会的要請を背景に、「外国語学習」という現象そのものを対象とした学問分野が1960年代ごろから発達してきました。これが、「第二言語習得（Second Language Acquisition＝SLA）」という新たな研究分野です。

第二言語習得研究とは何か

子どもの母語習得（第一言語習得）と大人の外国語習得（第二言語習得）の大きな違いは、母語習得はほとんど例外なく成功に終わるのに、外国語習得は、母語話者のレベルまで到達できるかという観点からは、ほとんど例外なく失敗に終わる、ということです。これはなぜでしょうか。

外国語は母語に比べて使う機会が少ないからだ、という考え方もできますが、それでは、何十年もアメリカに住んで、アメリカ人と結婚し、アメリカ社会に溶け込んで英語を話して生活している移民の英語が、なぜネイティブ（母語話者）のようにならないのか、という現象を説明できません。外国語学習のメカニズムを理解しなければ、このような素朴な疑問に対する答えさえ出てこないのです。第二言語習得研究とは、このような、第二言語学習に関するさまざまな疑問を科学的に解明することを目指す学問分野だといえます。

子どもの母語習得は、第二言語習得に比べれば、ほとんど誰にとっても同じような、均質な状況でおこります。子どもはふつう、家族や近所の人などからことばを語りかけられ、そ

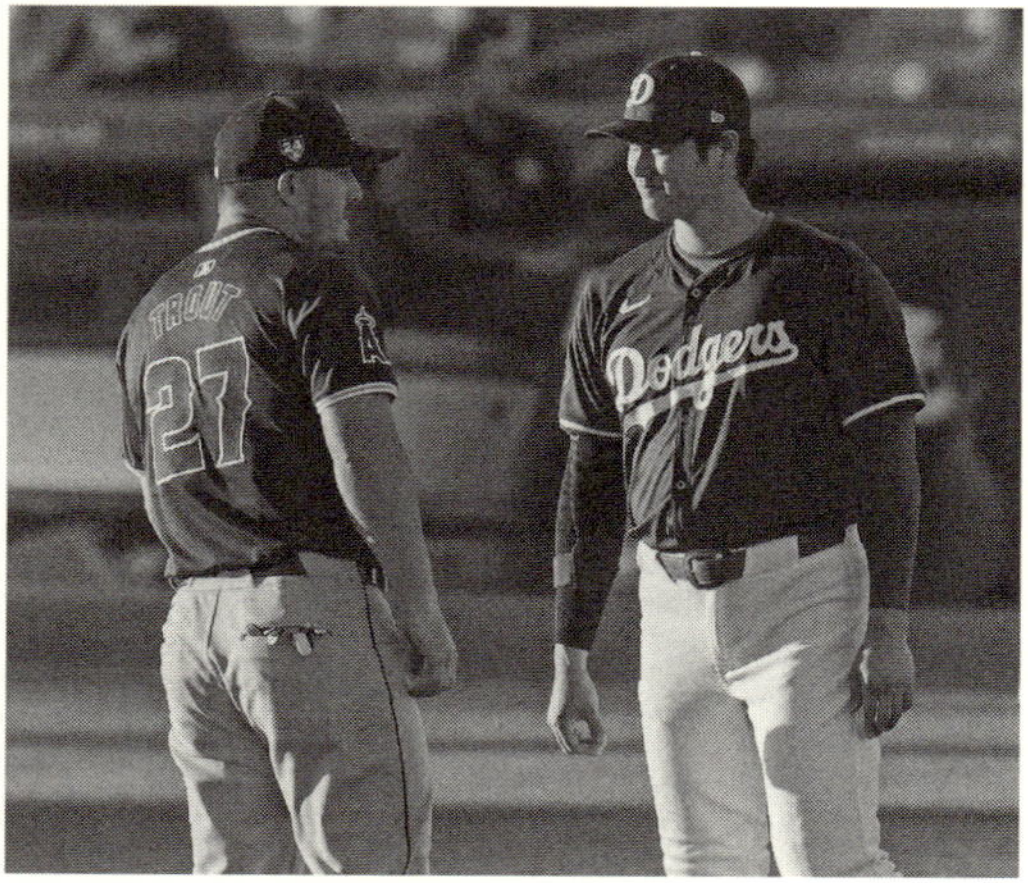

図 1　エンゼルス時代のチームメート，マイク・トラウトと話すドジャースの大谷翔平（写真提供：共同通信社）

れに対応して次第にことばを習得していきます。このような例から外れる場合はあまりないのです。

一方、第二言語習得は、さまざまな状況でおこります。英語の習得を例にとってみると、韓国人の高校生が学校で英語を学ぶ場合と、メジャーリーガーとしてアメリカに渡った大谷翔平（図1）が英語を学ぶ場合と、メキシコからの40歳の移民が肉体労働をしながらアメリカで英語を習得する場合とでは、条件がまったく異なるということは明らかです。

まず、学習の対象となる言語と学習者の母語との関係が、英語と韓国語、英語と日本語、英語とスペイン語という具合に違います。次に外的条件、つまり学習者の置かれた環境がまったく異なります。そして、学習者の年齢、適性、やる気といった内的条件も違います。さらに、この外的条件と内的条件は複雑に相互作用をおこします。つまり、外的条件が変われば、やる気も変わってくるし、やる気が変わってくれば、自分から積極的に環境に働きかけたり、またその逆に消極的になったりして、外的環境も変わってきます。このように、子どもの母語習得に比べると、第二言語習得はさまざまな状況が圧倒的に複雑です。

このような複雑な現象を理解するためには、さまざまなアプローチが必要となってきます。まず、「言語」という複雑なシステムの習得を対象とするため、言語学からの知見が役に立ちます。次に、「学習」という心的活動を扱うので、心理学的なアプローチも必要です。さらに、言語と社会・文化は密接な関係にあるので、社会学、文化人類学なども重要な示唆を与えてくれます。また学習はいうまでもなく脳でおこるので、脳科学の観点からアプローチする研究者もいます。簡単にいえば、第二言語の習得・使用という認知活動を学際的に研究するのが「第二言語習得」という学問分野といえるでしょう。

本書は、過去60年くらいのあいだに第二言語習得研究が明らかにしたことを、なるべくわかりやすく伝えることを目標とします。もちろんまだわかっていないことのほうが多いのは、他の隣接分野(たとえば心理学、言語学など)と同じですが、扱っている対象がかなり複雑なため、わかっていないことがとりわけたくさんあります。それでも、過去60年にわたる研究の結果、さまざまなことが明らかになってきていて、そこから、外国語学習はどのようにすればより効果的か、またどのような学習者が外国語学習に成功するかといった、より現実的な問題に対しても、ある程度の答えが出せるまでになってきているのです。

経験至上主義から科学的アプローチへ

読者のみなさんは、中学、高校の英語の授業で、「音読」というのをやらされた経験はありませんか。一昔前は、典型的な手順は、次のようなものでした。まず先生が「はい、じゃ田中君、次の段落読んでください」などと言ってひとりの生徒をあてる。生徒はギギーッという椅子の音を立てながら起立し、つっかえながらも、なんとか読む。次に、先生(もしくは録音された英語ネイティブスピーカーの音声)のあとについて、全員で音読。その後で、先生が、本文の内容を解説したり、生徒に訳させたりする。

この音読の方法は効果があるのでしょうか？　英語教師はなぜこの方法をとるのでしょう。多くの場合、自分が英語を教わったときにそうやっていたから、という理由ではないでしょうか。しかし、この方法が効果的である、という証拠はどこにもありません。なぜ、生徒が本文の内容を理解する前に音読するのでしょう。それにはどんな効果が考えられるのでしょうか。もし、音読を内容理解の後にしたらどうなるのでしょう。これらはすべて、検証可能な問題であり、また検証されるべき問題です。これが、第二言語習得研究の考え方です。つまり、経験至上主義にとどまらず、より実証的、科学的に、より効果的な第二言語学習法を考えていくのです。

外国語学習と外国語教育は表裏一体の関係にあります。学習者がどう学習するかは、教師がどう教えるかによって、大きく変わってきます。もちろん、学習者が自分で決められる部分もありますが、学習方法は教師が決める部分が大きい。本書の読者は、すでに高校や大学を終えて、かなり自律的に学習している人が多いでしょう。自律的な学習の際にも、やはり手さぐりの状態で、これをやったらよさそうだ、とか、この方法でやったらかなり力がついた(ような気がした)ので今回もこれでやる、という感じで学習法を決めているのが実状ではないでしょうか。学習者の側も、教師の側も、科学的な研究成果にもとづいて、言語学習、言語教育の方法をより効果的なものに高めていく必要があるのはいうまでもないのですが、現状ではなかなかそうはいきません。

似たような例としてスポーツ科学をとりあげてみましょう。

筆者は昔、中学・高校でバスケットボール部に所属していましたが、そのころは、「腹筋運動をするときに膝を曲げてはいけない」と教えられていました。つまり、膝を曲げて腹筋運動をすると、腹筋に負担がかからないから簡単にできてしまって腹筋が鍛えられない、というのです。ところが、その10年後、体育の先生に聞いた話では、腹筋運動をするときに膝を曲げないでやると、腰に負担がかかって腰を痛める危険があるので、膝を曲げたほうがいい、というのです。そして、このようなことはいわゆるスポーツ科学では当たり前の常識になっていたそうです。つまり、経験でやってきたからといって、またそれがある状況においてうまくいったからといって、必ずしもそれが正しいものではないということです。

このように、かつては経験則に頼ってスポーツトレーニングをしていたけれども、今ではスポーツ科学がどんどん発展して、それにもとづいてさまざまな技術革新がなされています。たとえば、イメージトレーニングという技法があります。ちょっと前まではそんなことは全然考えもしませんでしたが、今では、一流スポーツ選手の多くは、大会までの練習のあいだ、自分が勝つところをつねにイメージしているということです。これを第二言語習得に応用すると、自分がネイティブ(母語話者)とうまくしゃべっているところを想像するとか、そんなテクニックが実際に使えるかどうかわかりませんが、可能性としては考えられます。

実はこの話は、本書の第1章のトピックである「動機づけ」の問題とも絡んでくるのです。自分がネイティブのようになりたいかどうか、ネイティブのように話したいという欲求があるかどうか、あるいはネイティブとまったく同じように話すことはできないにしても、流暢に話すノンネイティブを一種のロールモデルとみなして、その人のように話したいという欲求があるかどうか、またそういう欲求がどれほど強いか、ということが、その学習者がその外国語をどの程度正しく身につけられるかということにかなり影響してくるだろうと推測されますし、実際にそういう研究結果も報告されています。

こうしたことを背景に、英語ネイティブと対等にきれいな英語でしゃべっている自分を学習者がイメージして勉強することが学習効果を促進する、という仮説を立てる。そして、これを検証するのが、第二言語習得研究なのです。たとえば、グループA（実験群）とグループB（統制群）のうち、グループAだけにイメージトレーニングさせたらどちらが伸びたかを検証した研究はあります。あまり効果はなかったようですが。

このような多くの実証的研究にもとづいて、第二言語習得研究という分野では、学習の原理がある程度明らかになってきています。そういう原理をふまえた教育・学習方法というものを今後は考えていかなければなりません。本書では、第二言語習得の研究成果をわかりやすくコンパクトにまとめて紹介するつもりです。現在外国語を学習している方や、今は外国語学習をしていないが自分の過去の外国語学習について振り返ってみたい、という方には学習者の立場から、また外国語を教えている先生方や、外国語教育に携わりたいという希望をもっている方には教師の立場から、本書に興味をもっていただけると思います。

本書の構成は以下のようになっています。まず、第1章と第2章で、日本人はなぜ英語が下手なのか、という疑問に答えます。第1章では学習動機の弱さ、第2章では日本語と英語の距離、という要因をとりあげて、日本人の英語下手をそれぞれ説明します。第3章では、外国語学習にどんな学習者が成功するか、年齢、性格、適性など、いくつかの要因についてその影響を論じます。第4章では、第二言語習得がおこるメカニズムについて、これまでにわかっていることを説明します。第5章では、効果的な教授法・学習法の問題を、第二言語習得研究の歴史をたどりながら検討します。新版で追加した補章では、生成ＡＩの登場が外国語学習に与える影響について述べます。最後に、付録として、今までの研究成果から、外国語学習のときに気をつけるべきことをまとめてみました。

それでは、第二言語習得研究の世界へ、ようこそ。

1　日本人はなぜ英語が下手なのか——その１　動機づけ

日本人はなぜ英語が下手なのか。この問題についてはいろいろな意見があります。

そもそも本当に日本人は英語ができないのか、という問題もありますが、たとえば、北米の大学に留学を希望する学生の英語力を測るための、国際的に標準化されたＴＯＥＦＬというテストの結果をみると、日本は最下位に近く、またこの40年間、成績は向上していません。誰がこの試験を受けているのか、という問題もあるので鵜呑みにはできませんが、まあ、あまりできないことに異論はないでしょう。では、なぜできないのでしょうか。

以前、第二言語習得の研究者として憤慨したことがあります。ある高名な日本の言語学者が、「日本人が英語が下手なのはこれこれこういうわけだ」と「１つだけ」理由をあげていたからです。そして、それにもとづいていろいろ偉そうなことを言っているのです。その１つというのが何の理由だったか忘れてしまいましたが、それはここでは重要ではありません。

そんなことは、第二言語習得を研究している者からみれば、たくさんある理由のうちの１

つに過ぎないわけです。日本人が英語ができない理由はたくさんあります。大きな理由の1つは、英語と日本語がどれほど異なっているか、という言語間の距離の問題です。つまり、日本語と英語が非常に異なっているので、日本語を母語とする人にとって英語は難しい、ということです。これについては、第2章で詳しく論じます。

動機づけが低いと外国語学習の成功は不可能

さて、日本人が英語ができない、もう1つの大きな理由は、動機づけの低さです。つまり、日本にいれば、英語が使えなくても実際問題としては困らないのです。

最近は日本でも英語が使えたほうがいいという状況はありますが、じゃあ使えなかったからといって困るかというと、ほとんど困りません。日本国内では日本語によるメディアが非常に発達していますから、最前線のかなり多くの情報が日本語に翻訳されています。また、日本は科学そのものがかなり発達していますから、英語でなくても、科学の最新の成果もある程度は読めます。

ちょっと前までの日本では、英語ができる人は「英語屋」などといわれました。「英語屋は出世しない、英語はできないで通訳を使う人が出世する」といった話もありました。今も、実際問題としては日本では英語が必要ない。ところが、フィリピンなどに行くと、英語ができなければ社会の中で不利な扱いを受けます。タガログ語などのフィリピン諸語と英語も、日本語と英語との関係と同様にかなり違っていますが、それでも日本人よりもフィリピン人のほうが英語ができるのは、学習者にそれだけのニーズがあるからです。インドでも似たような状況があります。

この章では、「動機づけ」がいかに外国語学習の成功に関わっているかを、第二言語習得研究の成果を通してみていくことにしましょう。

動機づけはどこからくるか

外国語学習の動機づけはさまざまです。日本人の英語学習の場合は、ほとんどが学校の教科として始まるので、学校でよい成績をとりたい、という一般的な動機がまずあります。また、英語はほとんどの場合、入試の科目として避けて通ることができないため、その点でも、学習動機は高くなるでしょう。

一方、数学などの他の教科と違い、外国語というのは、根本的にはコミュニケーションの「手段」です。そのため、外国人とのコミュニケーションの手段として使えるように上手になりたい、という気持ちもあります。『冬のソナタ』や『愛の不時着』などの韓国ドラマを韓国語で楽しみたい、というのも同様です。さらに、自分の好きな外国の歌手の歌をうたえるようになりたい、という「文化的」な動機もあります。

統合的動機づけと道具的動機づけ

第二言語習得における動機づけに関する研究は、１９５０年代後半以来、西オンタリオ大学のロバート・ガードナー(Robert Gardner)を中心にして進められてきました。ガードナーとその共同研究者による研究は、自分が好印象をもっている外国人に対して共感し、高い価値を与える外国語学習者は、学習対象言語を話す人々とその文化を理解したい、その人々と同じように振る舞いたい、その文化に参加したい、と思う傾向が強く、それが長期的・持続的な学習意欲につながる、という仮説にもとづいています。ガードナーは学習者のこのような志向を「統合的動機づけ」とよび、この仮説を支持するいくつかの研究を発表しました。簡単にいえば、学習対象言語の話者に好意をもっている学習者が外国語学習に成功する、ということです。

これは直感的にはありそうなことです。たとえば、中国で公用語として話されている中国語(北京語)を学ぶか、香港で話されている中国語(広東語)を学ぶか、という問題を考えてみましょう。香港滞在中のある日本人は、中国政府に対して反感をもっているから北京語は勉強する気がしない、と言っていました。同様に、アメリカ、イギリスなどに好意をもっている人の英語を学ぶ意欲は高そうです。韓国ドラマで韓国に興味をもてば、韓国語の学習にも熱が入ります(図2)。

しかし、外国語学習の動機はそれだけではありません。ガードナーはもう1つ、実利的な利益を求めて学習する動機をとりあげ、「道具的動機づけ」とよびました。たとえば、その外国語ができれば就職に有利になる、金銭的利益がもたらされる、といったことです。外国語を、何か実利的な目的を達成するための「道具」としてとらえるのです。前に述べた日本の状況に照らしていえば、受験で必要だから勉強する、英語の資格をとれば給料が上がるから英語学校に通う、といった場合も、この道具的動機づけにあたります。

図２　統合的動機づけ：韓国ドラマ人気で韓国語学習者の数も飛躍的に増えた．写真は対訳本『『冬のソナタ』で始める韓国語』(キネマ旬報社)

ガードナーらの初期のカナダにおける研究では、統合的動機づけが重要で、道具的動機づけはあまり重要ではない、という結果が出ていました。しかし、これはちょっと私たちの直感に反するところがあります。なぜなら、嫌いな国の言語も勉強しなければならないことがあるからです。かつて日本が占領統治した地域で、日本語による教育を強制した結果、流暢に日本語を話す世代が生まれたことをみれば、道具的動機だけでも、学習に成功することは明らかです。

その後のガードナーらのフィリピンの英語学習者を対象とした研究でも、道具的動機が重要である、という結果が出ていますし、また最近では、シンガポール人の日本語学習においては、統合的動機よりも道具的動機が重要である、といった結果も出ています。ですから、その言語を話す人々が近くにあまりいないような状況では、道具的動機が重要になる、という一般化が可能なのかもしれません。また、英語のようにすでに国際語としての地位を確立してしまった言語については、アメリカ、イギリスといった国を越えて、国際的なもの全般に対する興味などが統合的動機に相当するのかもしれません。

ただ、ガードナーの論点で重要なのは、道具的動機づけは外国語学習の成功と結びつくが、その成功は短期的なもので、長期的には統合的動機づけのほうが重要になり、また統合的動機づけはほとんどの研究で外国語学習の成功と結びついている、ということです。

ガードナーとピーター・D・マッキンタイア(Peter D. MacIntyre)の１９９１年の実験では、大学生を２つのグループに分け、単語を記憶する作業がうまくいったら10ドルもらえるという条件と、最善をつくすように言われただけの条件で比較したところ、金銭報酬のあるグループのほうが、単語の記憶により多くの時間を費やし、成績もたしかに良好でした。しかし、同時に、金銭報酬のなくなった最後の2回の実験では、金銭報酬のあったグループはそれほど努力をしなくなった、という結果も得られています。

にわとりが先かたまごが先か

ガードナーらの研究は、ほとんどが相関関係をみるものです。つまり、質問紙を使って学習者の動機づけ・志向を調べ、その結果と外国語学習の成績の相関をみます。そして多くの研究で、両者の相関が出ています。

しかし、Aという指標とBという指標に相関があるといっても、AがBの原因になっている(あるいはBがAの原因になっている)とはかぎりません。たとえば、子どもの靴の大きさと子どもの言語発達のレベルには相関があり、片方が大きくなるにつれて、もう1つも大きくなります。しかし、それは、どちらかがどちらかを引き起こしているわけではなく、別の要因(この場合は、年齢・成長といった要因)が両方を引き起こしているのです。

また、AとBのあいだの相関は、どちらがどちらを引き起こしているのかがわからない場合もあります。それが、動機づけ研究の大きな問題の1つです。つまり、学習という経験がポジティブなものならば、それが動機づけにつながる、ということです。たとえば、英語の成績がよかったために、英語や、英語を話す人に対する感情が好意的なものになる、というのは十分ありうることです。

相乗効果がある、という可能性も否定できません。つまり、動機づけが高いと成績がよくなり、よい成績をとると、それでまた動機づけが高まる、ということです。ただ、ガードナーらは、統計的手法によって、単なる相関があるだけでなく、動機づけが学習の成功を「引き起こしている」と主張しています。

このように、動機づけに関する質問紙テストの結果と、外国語のテストの結果の相関をみるのが、それまでの動機づけに関する研究の主流でしたが、これでは実際に動機づけの高さが、学習者のどのような行動につながっているのかがはっきりしない、という批判が出てきました。その結果、動機づけと学習のプロセスの関連をみる研究が１９９０年ころから盛んになって、ノッティンガム大学のゾルタン・ドルニェイ(Zoltan Dörnyei)らを中心に進められるようになり、学習者の動機づけは、授業プロセスに反応して変わっていくダイナミックなものであることを明らかにしています。

いずれにせよ、動機づけが外国語学習の成功にとって重要な要因であることは確かで、日本人の動機づけの低さがその英語下手の理由の１つであることは否定できないのですが、状況は変わってきているのかもしれません。

大きな理由は、経済の国際化です。以前とは比べものにならないくらい企業の経済活動が国際化しており、日本以外の国と関わりをもつ企業の数が圧倒的に増えています。そして、多くの場合、英語がコミュニケーションの手段として使われています。日本人が韓国人や中国人と話す場合でも英語を媒介とすることが多々あります。

今や、ごく一部の社員が英語を使えればいい、というのではなく、ふつうの社員でも英語がある程度できることが期待される企業も多いようです。たとえば、英検やＴＯＥＩＣなどの資格をとると、給料が上がったり、手当てがついたり、という企業が増えてきました。こういう実状をみると、日本国内での英語に関する「動機づけ」がある程度変わってきた、といってもよいでしょう。今後、日本人の英語力が向上することを期待できるかもしれません。

2　日本人はなぜ英語が下手なのか——その２　母語の影響

言語間の距離で習得難度は決まる

日本人が英語ができないもう1つの理由に、英語と日本語はかなり異なった言語である、ということがあります。当たり前の話ですが、学習者の母語と、学習対象となる言語が、似ていれば似ているほど、学習はやさしくなります。日本語と英語は、言語の系統的にもかなり異なっており、たとえば、英語と同じインド＝ヨーロッパ語族に属する言語を母語とする学習者に比べると、日本人学習者はかなり不利になります。

もっと極端な例をあげると、ふつうは別の言語ととらえられている言語でも、実はかなり似ている場合があります。たとえば、同じロマンス諸語のスペイン語とポルトガル語は、語彙も文法も非常に似ているので、お互いの言語を知らなくても、なんとかコミュニケーションがとれてしまうようで、実際、日本に留学しているスペイン人とブラジル人（ポルトガル語

表1　アメリカ人学習者が週30時間の集中コースで上級レベルに達するまでに必要な学習時間

44週	アムハラ語，アラビア語，ベンガル語，ブルガリア語，ビルマ語，中国語，チェコ語，ダリー語，フィンランド語，ギリシャ語，ヘブライ語，ヒンディー語，ハンガリー語，日本語，韓国(朝鮮)語，ラオ語，タガログ語，ポーランド語，ロシア語，セルボ＝クロアチア語，タイ語，トルコ語，ウルドゥー語
32週	インドネシア語，マレー語
24週	アフリカーンス語，デンマーク語，オランダ語，ノルウェー語，ポルトガル語，ルーマニア語，スワヒリ語，スウェーデン語
20週	フランス語，ドイツ語，イタリア語，スペイン語

（T. Odlin, *Language Transfer*, 1989, p. 39 より再構成）

話者)がお互いに自分の母語を使って会話をしているという話を聞きました。そのような場合は、第二言語として学習するのも楽なことはいうまでもないでしょう。

日本人にとって英語が難しいのと同様に、アメリカ人の学習者が日本語を学習するのはものすごく大変です。それに比べて、アメリカ人がスペイン語とかフランス語を学習するのはずっと楽です。アメリカ国務省の外交官養成機関であるForeign Service Instituteの1985年の資料によると、アメリカ人が日本語をかなりのレベルで使えるようになるのには、アメリカ人がスペイン語をかなりのレベルで使えるようになるまでの時間の倍以上かかるということです(表1)。

日本人は韓国語なら、すぐうまくなる？

では、日本人が学びやすい言語はなんでしょう。語族的には、日本語の起源はいまだはっきりせず、アルタイ諸語の1つであるとか、オーストロネシア語族であるとか、両者の混合であるとか、諸説があります。ただ、似ている言語といえば、なんといっても韓国(朝鮮)語です。文法が驚くほど似ています。韓国ドラマのブームで韓国語を学習する人が増えたようですが、韓国語なら、英語よりも少ない学習時間である程度使えるようになるという予測ができます。それから、中国語は、音声、文法に関しては有利でなくとも、多くの漢字・漢語を共有しているため、語彙の習得がかなり楽になることが予測されます。ただし、これらの予測について、実際にやさしいのかどうかを比較した実証研究は、今のところありません。

その逆を調べた調査はあります。カーネギーメロン大学の甲田慶子は、日本語学習者を韓国語、中国語、英語の3つの母語グループに分けて比較しました。すると、初期の段階ですでに、英語話者は韓国語話者・中国語話者に差をつけられて、しかもこの差は学習が進むにつれてさらに広がる、という結果が出ています。

このように、母語と対象言語のあいだの距離によって、習得難度はかなり決まってくるのですから、日本人は英語ができないことを恥じる必要はそれほどないといえます。

言語転移

このような、第二言語習得における母語の影響は「言語転移」もしくは「言語間における影響」とよばれています。簡単にいえば、第一言語からの第二言語に対する影響です。学習者がすでに2つの言語を知っているとしたら、3つめの言語を学習するときにも当然、既知の第一言語と第二言語からの影響が生じます。どちらも言語転移となります。

たとえば、筆者が大学でスペイン語を第二外国語として習ったときには、日本語－スペイン語の日西辞典ではなくて英語－スペイン語の辞書を買ってきて、英語からスペイン語に置き換えるという作業をいつもやっていました。日本語とスペイン語ではかなり構造が違いますが、スペイン語は文法も単語も日本語よりはずっと英語に近いので、すでに知っている英語を使って、「英語からスペイン語へ」という戦略をとったほうが効率がよいからです。

転移は言語に特有の現象ではない

さて、転移という現象は、言語習得にかぎらず、学習された他のスキルについても観察されます。

たとえば、筆者は子ども時代に卓球を毎日のようにやっていました。大学生のときに初めてテニスをしたのですが、フォアハンドで打つときに卓球でするようにワキを締めてボールを打ってしまうのです。そうすると、近くのボールを打つときはいいのですが、遠くのボールを打つときに余計に走らなければなりません。

これは、卓球での体の動きがかなり自動的なものになっていたために、テニスのラケットを握っているときにも卓球のスキルが干渉したのだ、とみることができるでしょう。このように、ある行動がそれと似た行動をするときに転移する、というのは日常生活のあらゆる場面でみられます。そして、それは何度もくり返しておこなったため自動的になったものほど強いようです。

母語によらない普遍的な習得順序はあるか

ところで、研究の歴史の中で、学習者が第二言語で犯す誤りは、すべて第一言語からの影響であるというようなことが言われていた時代がありました。そうではないということを、その後の第二言語習得研究が明らかにしたわけですが、その反動からか、１９７０年代になって今度は、文法形式の習得順序は普遍的で、すべての学習者が母語にかかわらず同じルートをたどる、という傾向性が強調されるようになりました。主に英語の文法形式（たとえば、冠詞 a と the、複数形の -s、過去形の -ed など）の習得順序がどうなっているかが調べられ、母語が

進行形，複数形，be 動詞

⇓

助動詞，冠詞

⇓

不規則動詞の過去形

⇓

規則動詞の過去形，三人称単数現在の -s，所有の ’s

図３　クラシェンの提案した普遍的習得順序

何であろうが習得順序は同じだという、かなり極端な主張も現れました。

たとえばこの普遍的習得順序によれば、英語の習得では、複数の -s のほうが先に習得されて、それから所有の ’s が習得されるということになります。南カリフォルニア大学のスティーブン・クラシェン（Stephen Krashen）はこれを普遍的な習得順序の一部だと主張しました（図３）。

日本人に特有の習得順序

ところが、この「普遍的」習得順序に合わない事例が報告されています。当時ハーバード大学の学部生だった白田賢二（現スタンフォード大学名誉教授）が研究した、ウグイス（仮名）という日本人の女の子では、この順序が逆で、所有の ’s のほうが先に習得されたのです。

普遍的習得順序を主張するクラシェンは１９７８年の

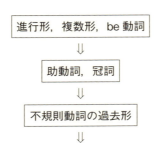

論文で「それは単なる例外だ」といってこの例を軽視しているのですが、あとからさまざまな研究者、特に日本人の研究者が、日本人学習者の習得順序を調べてみると、ほとんどがこのパターンでした。つまり、「所有の's→複数の-s」というのが日本人学習者の習得順序なのです。

この現象は次のように説明できます。日本語には、英語のような複数形がありません。ところが、所有の'sについては、

John　's book

ジョン　の 本

というように、日英語間の所有表現の対応関係は非常に簡単であるため、日本人学習者にとって習得が容易であるというわけです。このことを1983年に最初に指摘したのがカリフォルニア大学ロサンゼルス校のロジャー・アンダーセン(Roger Andersen)で、その段階ですでに、日本人学習者とスペイン人学習者の違いを比べて、クラシェンの習得順序は単純化しすぎていると指摘しています。

その後に発表された研究をみると、アンダーセンの主張を支持する結果が出ているので、かつて普遍的と考えられていた習得順序にも実は個別的なところがあることがわかります。言語習得には、普遍的な部分と、個別的な部分があって、その個別的な部分に第一言語の影

響が当然入ってくることになります。

言語転移はいつおこるか

さて、言語転移は、つねに現れるわけではありません。第一言語の影響が現れる場合と現れない場合、もしくは現れやすい場合と現れにくい場合があるわけです。そして、どういうときに第一言語の転移がおこりやすくて、どういうときにおこりにくいか、すなわち、言語転移がおこる条件を予測することが、言語転移研究の中心的な課題です。

言語転移がおこる条件はいくつかあります。たとえば学習環境について言うと、外国語を読んで訳すという「文法訳読方式」中心で教えているところでは転移がおこりやすく、それに対して学習者の母語を使わず、主として学習対象言語によるコミュニケーションを通して教えているところでは転移がおこりにくいということがあります。

無理して話すと変な英語が身につく

また、スピーキングを強制すると転移がおこりやすいということも言われています。前出のクラシェンが言ったことですが、学習者の外国語能力がまだ一定のレベルに達しないうちに、無理に話させると、結局学習者は母語に頼って、その母語の文法に適当に第二言語の語彙をくっつけて、なんだか変な外国語をしゃべる、という状況になります。場合によっては仕方がないのですが、それをどんどん続けていくと、それが固まってしまうということがあるのです。ある程度の基礎もないうちから、どんどん英語でコミュニケーションすると、いわゆるブロークン・イングリッシュになってしまうということです。この点には注意しておく必要があります。

たとえば、かなり英語ができる日本人でも、"How do you think about it?"と言う人が少なくありません。これは、日本語の「どう思いますか」を直訳した表現だと思われます。"What do you think about it?"という正しい形が身につく前にこの表現を直訳で使い始めてしまったために、それが固定してしまったのでしょう。

典型的と思えるものだけ直訳する

言語転移に関係するもう1つの要素は、「典型性」の問題です。実は、筆者が第二言語習得の研究に興味をもったのは、この辺りがきっかけなのですが、オランダのナイメーヘン大学のエリック・ケラマン(Eric Kellerman)は、1970年代後半から80年代前半にかけて、言語転移に関して非常に面白い一連の研究を行いました。

オランダ語の breken という動詞は英語の break と語源が同じで、この動詞をいろいろな文脈で使うことができるという点でも英語とかなり似ています。そこで、オランダ語を母語とする英語学習者に、break a cup(カップを割る)と英語で言えるかどうかを判断させてみると、ほとんどの人が「言える」と正しく予測します。ところが、break his heart(彼の心を傷つける)と英語で言えるかと尋ねると、「これは言えない」と予測する学習者が増えます。実際には、オランダ語と英語のどちらでも言える表現です。

この現象には、「典型性」もしくは「プロトタイプ性」とよばれるものが絡んでいます。break a cupという用法は、breakの使い方の中で典型的、基本的なものであるのに対し、break his heartという用法は非典型的なものであるから、こういう結果が出たのだ、という説明ができます。つまり、学習者が自分の母語から外国語に訳すときに、なんでもかんでも逐語的に訳すわけではなくて、自分が典型的と思うものだけを第二言語に直訳する、というわけです。

また、この典型性の問題は、語彙にかぎらず、文法にもあてはまります。It is easy to please him. と He is easy to please. はほぼ同じ意味(彼を喜ばせるのは易しい)ですが、学習者は、前者のほうが後者よりも基本的で、第二言語にも直訳できる、という判断を下す場合が多いのです。

Give me a break＝休みをください？

しかし、何をもって典型的とするかというと、またいろいろ問題があります。これに反するような、非常に面白い例を友人から聞いたことがあります。

日本語を学んでいるアメリカ人の学生が、先生が大量の宿題を出したときに、その先生のところに文句を言いにきて、「先生、休みをください」と言ったそうです。英語では"Give me a break."です。「冗談じゃない」と、文句を言うようなときに使う表現です。この学生は、これをそのまま直訳して、「休みをください」と言ったのです。

たしかにこういう学生もいます。個々の学習者が好む戦略（ストラテジー）とも関係していて、一対一対応の逐語訳の好きな学生もいるわけです。そういう学生は、とにかく直訳したら通じるだろうと思って、先生に、"Give me a break."のつもりで「休みをください」と言うようなこともあるでしょう。それを聞いた先生は、「なんで休みが必要なのか、あ、宿題がたくさんあるから、宿題をやるために休みが必要なのか」と思ったかもしれません。

この事例は、先ほど述べた「無理して話すと変な英語が身につく」という問題とも関係しています。まだ自分の使えないような表現までなんでもかんでも第一言語から第二言語に逐語訳すると、たまたま正しい表現になる場合もありますが、こんな感じで変な表現になってしまう場合もあります。外国語の力が不十分なうちに話したり書いたりする際には、こういう問題に注意する必要があるでしょう。

正の転移と負の転移

言語転移がなんでもかんでも悪いわけではありません。今みた例では、「休みをください」というのは、母語の影響で間違った表現になっています。この場合は、「負の転移」といわれます。ところが、英語でも日本語でも同じような表現を使う場合だったら、そのまま訳せばいいわけです。この場合は、「正の転移」になります。どちらの場合も、心理的プロセスは同じですが、結果が正しい場合と間違いになる場合が出てくるのです。

先に、ドイツ人が英語を学ぶのはやさしい、という話をしましたが、それはドイツ語が母語で英語が第二言語の場合、よく似ているので、「正の転移」になることが多いからです。言語間の距離が近い場合には、あまり深く考えずに直訳しておけば、だいたいうまくいくのです。

言語間の距離が近いほど転移がおこりやすい

もし直訳がうまくいくのであれば、学習しているうちに、「あ、これは直訳しても大丈夫だ」と学習者は気づきます。このように、第一言語と第二言語の距離が近いほど、第一言語の影響が出やすくなります。これは、学習者が言語学習以前にもっている言語に関するメタ知識（たとえば、英語とオランダ語は似ている）も影響しますし、学習開始後に気づく場合もあるでしょう。日本語と韓国語が似ている、と知らないで韓国語学習を始めても、すぐにそのことに気づいて、正の転移を最大限活用するのが学習者の知恵だともいえるでしょう。別の観点からみれば、第一言語と第二言語の距離が近いほど、負の転移よりも正の転移の割合が多くなり、そのため学習が容易になる、ということでもあります。

言語間のマッピング

さて、どういうときに言語転移がおこりやすいか、の話の続きとして、「言語間のマッピング」の影響をとりあげましょう。これはどういうことかというと、「第一言語と第二言語の対応関係がはっきりしているものほど、転移がおこりやすい」ということです。たとえば、「ジョンの本」と"John's book"は、対応関係が非常にはっきりしています。だから転移がおこりやすくなります。

言語の語彙的な側面と文法的な側面に分けてみますと、語彙の意味のほうは、学習者が割合一対一対応をつくりやすいといえます。実際には一対一対応ではなく、たとえば、break

は「こわす」以外に、「破る」(break a rule/record/promise)とか、「割る」(break a glass)とか、いろいろな日本語に対応するのですが、学習者はとりあえず、「break＝こわす」といった対応をつくることができます。ですから、語彙に関しては、転移が大きくなります。それに対して、文法に関しては、そう簡単に一対一対応をつくることはできないので、転移は少ないということが考えられます。

発音は母語の干渉が強い

さらに、音声も母語の干渉が非常に強い分野と考えられています。母語の干渉が非常に強いため、発音の特徴から、母語が推測できるほどです。たとえば、アメリカ映画で、英語を母語としない登場人物が出てくると、それがロシア人だったり、メキシコ人だったり、中国人だったりするのですが、それぞれの特徴的ななまりを使って英語を話すのです。もちろん、実際の役者はその母語の話者とは限らず、アメリカ人だったりするわけですが。

もう1つ(悲劇的な)例をあげると、1923年におきた関東大震災の後、朝鮮人が暴動をおこす、というデマが流され、その結果、多数の朝鮮人が虐殺されるという事件がありました。その際、朝鮮人かどうかを調べるのに使われたのが、この「発音における母語の干渉」なのです。「十円五十銭」と発音させると、朝鮮語には無声音と有声音の区別(たとえば、k

とg、pとb、tとdの区別)がなく、「ジュ」の音も独立した音の単位(音素)としては朝鮮語にはないので、たいていの朝鮮人はうまく発音できません。

日本人に英語のLとRの区別ができないのも同様です。日本語では、Lの音もRの音も区別されないので、日本語の母語話者がこの区別をするのは容易ではありません。これは、発音するときに区別するのが難しいだけでなく、聞き取りでも区別が難しいのです。この日本人のLとRは、第二言語習得の世界では有名な話で、かなりの研究が行われています。日本人には、rice(「米」)とlice(「シラミ」の複数形)のような区別ができない、という研究はもちろん、この2つの音を区別させるような訓練をすると弁別能力が向上する、といった研究も多数あります。

たとえば、カーネギーメロン大学心理学科のジェームス・マクレランド(James McClelland、現スタンフォード大学)も、LとRの訓練実験を行ってその効果を確認しており、筆者がカーネギーメロン大学を訪れた際も、こちらが日本人であるということで、熱心にその話をしていました。余談ですが、マクレランドは認知科学の分野では第一人者の一人として知られており、あとで出てくるコネクショニズムというコンピューターモデルを使った認知研究のリーダーです。

しかしながら、これらの訓練実験は、実験室という限られた環境で、意味を無視した形で行われており、訓練にどの程度、実際上の効果があるのかは、まだわかっていません。たとえば、読者のみなさんにも、注意していれば、LとRの発音をすることはできる人が多いのではないでしょうか。この2つの音の発音の仕方は、中学校の英語で最初に習うことですから、知識としては知っているので、やればできます。難しいのは、実際に会話の中で区別することです。この「注意を向けなければできない」という問題については、また第4章で詳しく述べます。

文化も干渉するか

言語と文化は切っても切れない関係にあります。言語と文化・思考の関係をめぐってはさまざまな議論がありますが、外国語学習というレベルでは明らかに干渉してきます。たとえば、日本人には、謙譲の美徳、という文化的価値観がありますが、これが私たちの外国語学習にも影響してきます。日本人は、ほめられたら、そこで、「いえいえ、とんでもないです」などと言って、いちおう否定する傾向があります。ところが他の文化では、これが奇妙に映る場合もあるのです。

筆者が初めてアメリカに行ったとき、面白い経験をしました。そのころすでにある程度英語ができたので、“Your English is very good.”などと、何度もほめられるのです。ところが、そのたびに、"No, no, my English is not good." などと言って否定していたらちょっと雰囲気が気まずくなりました。どうしたのかと思っていると、ホームステイ先のホストマザーから、ほめことばを受け入れなければだめだ、と言われました。ところがこちらはなんと言っていいかわからない。聞いてみると、"Thank you." と言っておけばいい、というのです。それで次から、ほめられたら、"Thank you." と言うことにしたら、スムーズにいきましたが、謙譲の美徳をもつ日本人としてはやはり心が痛みました。何度も言っているうちに慣れましたが。

逆に日本語を学ぶ外国人にとっても、これは重要です。このことについてはけっこう教えられているようで、日本語を上手に話す外国人に「日本語、上手ですね」と言うと、「いえ、まだまだです」などという返事がかえってくることがよくあります。

このような文化的背景に根ざした言語転移の問題は、「語用論的転移」もしくは「社会言語学的転移」などとよばれ、かなりの研究があります。「謝る」「断る」「依頼する」「ほめる」など、さまざまな言語行動(専門的には「発話行為」といいます)について、これらが異なる文化でどのように表されるのか、またある言語の話者が第二言語の発話行為をどのように行うか、などの研究が行われています。そして、わかってきたことは、文化的なものがかなり転移する、ということです。発音、語彙などと同様、文化的知識も転移のおこりやすい領域だといえるでしょう。

ただし、このような価値観まで学習する必要があるのか、という議論はあるようです。というのは、これはある意味では対象言語の文化を学習者に押しつけることになるからです。また英語のように国際語となっている言語を学ぶ場合、日本人が韓国人と英語で会話する場合もあるわけで、そういった場合は、じゃあ、英語の価値観というのは何だ、ということになります。また、アメリカ人とイギリス人のあいだにも文化的にかなり違いがあるようです。

結論をいえば、文化的背景についての学習の重要性は学習の目的による、ということになるでしょう。しかし、場合によっては、非常に重要な知識になるということには注意しておかなければなりません。というのは、文法や発音の間違いというのは、はっきりしているため、この人はまだ外国語ができないのだな、と思われるだけですみます。しかし、単語や文法や発音に関してはかなりの上級者で流暢に話せるのに、文化的に異なる言語行動をして、それがその文化でよくないものであれば「失礼なやつだ、いやなやつだ」などと思われる危険があり、また学習者はそのことに――ふつうは指摘されない限り――気づかないからです。その危険の大きさを考えれば、相手の文化について基本的なことは知っておいたほうがいいでしょうし、また文化を無視した言語学習というのも味気ないので、そのことを考慮に入れて、個々の学習者や外国語教育プログラムが柔軟に対応していけばよいと思います。

3 外国語学習に成功する人、しない人

どんな学習者が第二言語習得に成功するか

プロローグでも書いたように、幼児の母語習得はほとんどの場合成功するのに、大人の第二言語習得はほとんどの場合失敗に終わります。ただ、失敗に終わるといっても、その程度は千差万別で、ほとんど習得せずに終わってしまう人から、ネイティブスピーカーとほとんど区別がつかないくらいのレベルに到達する人までいます。後者の場合、一般的な見方からすれば、成功したといえるでしょう。それでも第二言語習得の研究者のあいだでは、そのような学習者も、厳密に検証すればネイティブスピーカーと同じレベルまで行っていない場合がほとんどであるという考えが支配的で、その意味では失敗といえます。ですが、本章では、「成功した人」というのをそれほど厳密に考えるわけではなく、「ある程度成功した人」ととらえて話を進めます。

どんな学習者が第二言語習得に成功するかという問題は非常に面白いところです。効率よく外国語を習得する人もいれば、もうどうしようもない、というぐらい進歩が遅い人もたくさんいます。ここでは、年齢、適性、性格など、外国語学習に成功する人の資質を考えてみます。

年齢要因（臨界期仮説）

ここでひとつ仮定の問題を考えてみましょう。ある日本人の大学教授が、日本の職を辞して、アメリカの有名大学に移ることになりました。彼は30代後半、専門はコンピューターサイエンスで、英語はあまり得意ではありませんが、英語で論文を読んだり書いたりすることはそれなりにできます。彼には5歳と10歳の息子がいます。どちらもまだ英語はまったく知りません。さて、この3人の英語力は、今後どう伸びていくでしょうか。1年後、一番英語ができるのは3人のうち、誰でしょう？　5年後、20年後では？

習得の成否の個人差を説明する1つの要因として第二言語習得研究で受け入れられているのは、年齢です。これについては「臨界期仮説」という名前がついていて、外国語学習には、臨界期、すなわち、その時期を過ぎると学習が不可能になる期間がある、という考え方です。この臨界期は思春期（12～13歳）までと考えられており、その時期を過ぎるとネイティブのような言語能力を身につけるのは不可能になる、という仮説です。日本でも英語教育を小学校に導入しましたが、その背景にあるのは、このような考え方です。

実際に、この年齢要因というのはかなり強力な制約で、大人になってから学習を始めた人がネイティブのようになるのは、ほぼ不可能のようです。それに対して、小さいころに習得が始まると、第二言語をかなり自然に話せるようになります。海外勤務の会社員（とその配偶者）の英語がなかなか伸びないのに、子どもはすぐに親を追いこしてしまう、というのはよくある話です。

前の章で述べた朝鮮人虐殺事件に関連して、芥川賞受賞作家の李良枝さんが小説の中の登場人物に次のようなセリフを言わせています。

「また関東大震災のような大きな地震が起こったら、朝鮮人は虐殺されるかしら。一円五十銭、十円五十銭と言わされて竹槍で突つかれるかしら。でも今度はそんなこと起こらないと思うの、あの頃とは世の中の事情が違っているもの。それにほとんどが日本人と全く同じように発音できるもの。」

（李良枝『かずきめ』、傍線筆者）

図4　在日韓国人が主人公の映画『GO』のDVD（東映）

この最後のところが、いわゆる臨界期仮説の帰結なのです。親の世代が朝鮮語を話しても、子どもは育った地域で話される日本語を自然に習得します。また現在では親の世代も3世、4世が主流となり、母語は日本語です。子どもは民族学校で朝鮮語も習いますが、日本語のほうが得意です。（このあたりの事情は窪塚洋介・柴咲コウ主演の映画『ＧＯ』（図4）で取り上げられています。）

また、朝鮮大学校の金徳龍の調査によると、彼らの「第二言語」として習得される朝鮮語にも、幼稚園のときに朝鮮語を習い始めた子どものほうが朝鮮語の能力が高い、という結果が出ており、ここでも年齢の影響がみられます。

若ければ若いほどよいか

一般的には、「外国語学習は若いほど有利」というのが、いわゆる常識的な理解でした。

ところが、第二言語習得研究者がデータを集めて検討したところ、もう少し洗練された一般化が出てきました。それは、子どもと大人とを比べた場合には、「大人のほうが速いが、子どものほうがすぐれている(Older is faster, younger is better)」というものです。つまり、大人のほうが、自分のもっている認知能力を使って短期的には素早く学習することができる。ところが、何年も経ってくると、若いときに始めた人のほうが、より母語話者に近い外国語を身につけるようになる、ということです。

また、「外国語」とひとくくりにするのではなく、個々の言語領域に異なった臨界期がある、という立場をとる研究者もいます。たとえば、発音に関しては、6歳までが臨界期だという立場もあります。

なぜ年齢が外国語習得の成功を決定するのか

第二言語習得研究者のあいだでは、習得が成功するかどうかに年齢の影響が強い、という点についてはほぼ意見が一致しています。ただ、それが本当に「臨界期」といったものなのかについては、意見が分かれるところです。まず第一に、思春期といわれる12～13歳を超えると、学習可能性が大きく下がってしまうのか、それとも、そんなにはっきりした臨界期があるわけではなく、年齢が上がるにしたがって徐々に下がっていくものなのか、について議論があります。

次に、なぜ年齢の影響がそれほど強いのかという問題がありますが、その理由についても意見の一致がなく、さまざまな提案がなされています。

まず、脳神経生物学的な説明があります。脳の構造が特定の年齢で変化し、その後は第二言語を学習する能力が衰えてしまう、という考え方です。脳のもつ柔軟性がある年齢になるとなくなってしまう、といってもいいかもしれません。母語に関しては、子どものときに事故などで脳を損傷し言語障害になったとしても、別の部位がその機能を担ってくれて言語が回復するが、大人の場合はそう簡単にはいかない、という現象が報告されており、これが言語習得に関する脳の柔軟性、可塑性が大人になると失われることの証拠としてよくあげられます。

次に、認知的な説明によれば、「大人はすでに抽象的分析能力が身についているため、言語習得が自然に行えないが、子どもはあまり分析せず、第一言語を学ぶのと同じように、自然な習得ができる」ということになります。第4章で触れますが、言語はインプットを理解することでかなり無意識的に習得されるので、あまり分析的に考えるとまずい、という考え方です。

心理的態度の違いによる説明もあります。子どもは第二言語を習得するときに、自意識が発達していないので、他の子どもと自然に交わることができる。それに対して、大人はなかなか新しい環境に溶け込めず、また自我が発達しているため、外国語環境になじめない、というものです。つまり、子どもと大人の外国語学習に対する心理的態度が違うために、学習環境に差が出る、ということです。

このほかにも説がありますが、今のところ、決定的な答えは出ていません。ここであげたどれもが原因となっている可能性もあります。

人種の影響？

この年齢の問題に関して、2000年に京都で行われた言語科学会の大会で、ニューヨーク市立大学のジセラ・ジア(Gisela Jia)らの非常に面白い研究発表がありました。臨界期については、その存在を主張した有名な論文がジャクリーン・ジョンソン(Jacqueline Johnson)とエリッサ・ニューポート(Elissa Newport)によって1989年に発表されていますが、ジアの使った調査方法はこの研究に近いもので、アメリカへ移住した人のアメリカ到着時の年齢と英語能力のデータの関係を調べ、それをヨーロッパ系グループ(主にロシア語を母語とする学習者)とアジア系グループ(北京語、広東語、韓国語を母語とする学習者)に分けて比較しました。

すると、ヨーロッパ系学習者には年齢の影響がありませんでしたが、アジア系学習者には統計的に有意な年齢の影響がありました。面白いことに、年齢要因の強い影響を見出したジョンソンとニューポートの被験者はみな、中国系と韓国系の学習者でした。

中国系、韓国系の人がアメリカに行くと、いろいろな意味でアメリカ社会にフィットしないということがあります。そうすると、アメリカ人みたいになりたいとか、アメリカ人と同じような英語を話したいという気持ちも弱くなるでしょう。遊ぶ仲間も、アメリカ人と遊ぶより、アジア系どうしで固まりがちです。そしてその傾向は、ジアの研究によると、移住した年齢が高くなるほど強くなります。だから、英語がそんなに伸びない、というわけです。ところが、ロシア人だったら、白人系のアメリカ人かどうか見ただけではわからないので、お互い親近感を抱いて、つきあいやすい。見た目というのは大事なわけです。筆者はアメリカの大学に留学していたとき、大学院生用の寮に住んでいたのですが、食堂で晩御飯を食べるときに、多くのアジア人は、いわゆるノンネイティブのアジア人——韓国人とか中国人——でそれぞれグループをつくっていっしょに座っていました。それだけでなく、アジア系アメリカ人が、やっぱり自分たちだけでよく固まっていたのです。

残念なことに、第二言語習得の達成度と人種の関係はこれまでのところあまり体系的に研究されていません。しかしこれはおそらくかなり重要な要因だと思われます。日本語学習についてもそうです。いわゆる白人が日本語を学習するときと、日系ブラジル人が学習するときと、中国人が学習するときと、いったいどう違うのか。やはり、自分がネイティブスピーカーと一体感をもてるか、それがもてない場合にはどうか、というような問題を検討してみる必要があるでしょう。

話を元に戻しますと、もし、脳の生得的に決められた制約が臨界期の原因になっているのであれば、それは全人類に働くはずであって、アジア系だけに年齢の影響があって、ヨーロッパ系にはない、という現象は説明しにくくなります。そうすると、ジアの研究の結果は、言語習得と年齢の関係に関して、いわゆる環境的な要因が重要で、脳による生得的な制約のような要素は関係がない可能性もあることを示していることになります。今後さらなる研究が望まれるところです。

個人差の要因

年齢のほかにも、適性、性格など、個人差を生む要因があります。これらは、学習者個人の特質で、比較的安定したものです。第1章のトピックだった動機づけも個人差の要因と考えられますが、時間とともに変化する可能性が強いので、やや質が違います。まず、適性からみていきましょう。

外国語学習の適性とは何か

「あの人は語学の才能がある」などという話をよく聞きます。このときの「語学」というのは、もちろん言語学ではなく、外国語を学習する能力のことです。これは、外国語学習に向いている人、向いていない人がいるということが一般に信じられている、ということを物語っています。では、実際にそのような「適性」というものがあるのでしょうか。

外国語学習に向いていない人は、実際にいるようです。２０００年代以降、アメリカでは「外国語学習障害」というものが認められつつあり、他の科目の学習はふつうにできるが外国語だけはだめ、という学生が時々いることが知られています。筆者の所属していたコーネル大学でも、外国語学習障害と認定されれば、必修の外国語を免除されていました。これが認められないと、その学生は大学を卒業できないので、死活問題です。

ただ、この外国語学習障害というのが、いったいどうしておこるのかはまだよくわかっていません。たとえば、この学習障害が、外国語学習適性が極端に低いだけなのか、それとも本質的に異なった問題があるのか、今後の研究が待たれます。またそのような学習者を理解することが、外国語学習適性の本質の解明に役立つかもしれません。

適性テスト

外国語学習の適性を測るテストはいくつかありますが、もっともよく知られているのはMLAT（Modern Language Aptitude Test＝現代言語適性テスト）です。これは、もともとアメリカ国務省（日本の外務省にあたる）の外交官養成機関であるForeign Service Instituteで、外国語学習の候補者を選別するのに作られたものです。

第二言語習得における適性に関する研究は、MLATをはじめとする適性テストと、学習の結果である外国語テストの得点との関連を調べることで進みました。MLATは4つの異なったタイプの能力を測るように作成されています。それは、（1）音に対する敏感さ、（2）文法に関する敏感さ、（3）意味と形の関連パターンを見つけだす能力、（4）丸暗記する能力、の4つです。適性についてのは膨大な研究があり、MLATなどの適性テストによって測られた適性が、かなりの部分まで教室での外国語学習の成否を予測することがわかっています。

外国語学習適性については、もう1つ面白い現象があります。それは、第一言語と第二言語の両方に共通する、いわゆる「言語学習適性」がありそうだ、ということです。これは、ブリストル大学のゴードン・ウェルズ（Gordon Wells）やロンドン大学のピーター・スキーアン（Peter Skehan）らの研究によって明らかにされたことです。

ウェルズらは、イギリス人幼児の言語発達における個人差を決定する要因は何なのかを明らかにするために、129人の子どもを長期にわたって調査しました。まず、第一言語（英語）の発達の個人差を調べたのち、その子どもが13歳になって、外国語学習を始めるころに、彼らの「外国語学習適性」と「外国語の成績」を調べたのです。すると、3歳時の文法発達のレベルと、外国語学習適性テストのスコアとのあいだに相関がみられました。一方、面白いことに、3歳時の文法発達レベルと外国語の成績との相関はそれほど強くありませんでした。これは、外国語学習は、その他のさまざまな要因（動機づけ、教授法など）に強い影響を受けるからだろうといわれています。

この問題についてはさらなる研究が必要ですが、第一・第二言語習得に共通する言語習得能力といったものがある可能性を示唆しています。

外国語ができると知性がある？

アメリカプロバスケットボール（NBA）に中国出身の姚明（Yao Ming）が加入した頃、シャキール・オニールが、次のようなコメントをしていました（図5）。

「姚明は、インタビューでは通訳を使って英語は話さないが、僕らは、コートでは、いろいろ英語で話している。彼はけっこう英語ができるんだ。だから、彼は知性のある人間(intelligent human being)だ。」

これはなかなか面白いコメントです。つまり、英語ができる、というのを知性があることの証拠としてとらえているわけです。シャキール・オニール自身が外国語ができるかどうか知りませんが、ロサンゼルス・レイカーズでのチームメートのコービー・ブライアントは子

図５　姚明(右)とシャキール・オニール(左)(写真提供：AF Archive/Fine Line/Mary Evans Picture Library/ 共同通信イメージズ)

図６　プランデリ監督から出場前の指示を受ける中田英寿（写真提供：ANSA＝共同）

どものころイタリアに住んでいたので、イタリア語ができるそうです。これは、先に述べた「臨界期」を考えれば、当たり前のことですが、それを考えると、サッカー選手の中田英寿が、大人になってからインタビューに答えられるレベルまでイタリア語を習得したのはたいしたものです（図６）。最近は日本人スポーツ選手が外国で活躍していますが、彼らが外国語をどの程度習得できているのか、第二言語習得研究者でなくとも興味のあるところです。

さて、その国のことばができないと知性まで疑われる、というのは、残念ながら実際にあることです。たしかに、日本人でも、外国人とあまり接したことのない人は、外国人が片言の日本語で話しているのを聞くと、頭が悪いのではないか、という印象をもつこともあるようです。知り合いの外国人が、スーパーなどで頑張って日本語を話すとバカにされるのに、英語に切り替えると急に待遇がよくなる、などと言っていましたが、これもそのせいかもしれません。

知性と外国語学習適性の関係

一般的によく使われる「あの人は語学の才能がある」という言い方は、外国語学習に特有の適性を前提にしています。それに対して、「外国語ができると知性がある」という言い方は、一般的な知性と外国語学習適性を同一視しています。この2つはある意味では矛盾しています。

実は「知能・知性(intelligence)」と「外国語学習適性」の関係は、専門家のあいだでもさまざまな議論があるのです。まず、これらを信頼性・妥当性のある方法で測ることが難しいという問題がありますが、それはさておき、これらを測ることができたと仮定して、話を進めます。

この分野の研究では、知能については、いわゆるＩＱテストで測定した得点を、そして適性については、ＭＬＡＴなどの適性テストの得点を使います。その結果、この2つの能力にはかなり重なる部分はあるが、同じというわけではなく、「外国語学習特有の適性」という独立した能力がある、という結果が出ています。これは私たちの直感とも一致するもので、だいたいにおいて成績のいい人は英語の成績もいいが、ほかの成績はぱっとしないのに、英語がやけにできる人もいる、という現実と一致するのです。

さらに、いくつかの研究で面白い結果が出ています。第二言語習得研究でよく使われる概念に「日常言語能力」と「認知学習言語能力」というものがあり、簡単にいえば、前者は日常会話的な能力で、後者は教科学習などに必要な言語能力です。そして、知能テストと相関があるのは、より認知学習言語能力に関連した問題の得点で、知能テストと日常言語能力的な問題の得点とは相関が低い、というものです。

これはある意味では納得のいく結果です。もともとＩＱテストは学校での学業成績を予測するためにつくられたものなので、より学業的な能力と相関するのだと思われます。さらに、意識的学習はＩＱとの相関があるが、無意識的学習は必ずしもそうでない、という研究もあります。これらについては、すべての研究で同じ結果が出ているわけではないので一概にいえませんが、もしかすると、学校での英語の成績が悪かった人も、会話などはうまくなる可能性があるということで、学校の英語はだめだったが、会話には興味がある、という人には朗報かもしれません。

女性のほうが外国語学習に向いているか

よく，「女性のほうが語学の才能がある」といわれます。実際はどうなのでしょうか。もちろん男性で外国語がうまくなる人はいくらでもいますから，男性だからだめということはありませんが，外国語学習における男女差を比較した研究の結果は，(1)女性のほうが成績がよいことを示す研究がいくつかあるが，(2)男性のほうが聞き取れる単語の数で優れている，という研究もあり，(3)両者の差がない，という研究もあります。男性のほうが明らかに優れている，という研究はないので，「女性のほうが男性よりも外国語学習に向いている」という一般化はある程度あたっているかもしれません。

理由はまだよくわかっていませんが，1ついえることは，女性のほうが男性よりも，外国語学習に対して肯定的な態度で臨む場合が多い，ということです。これがおそらくより高い学習達成度に結びついているのではないでしょうか。

では，なぜ女性のほうが外国語学習に対して肯定的か，という問題についてもさまざまな意見があります。女性のほうが人間関係についてより協力的なのに対して，男性は競争的であって，誰が上であり，下であるかに敏感であり，そのため男性は，高度に社会的な営みである外国語学習に向いていないのではないか，という見解もありますが，本当の理由はまだわかっていません。

外向的な人が成功するか

外向的な人のほうが外国語学習に成功するということも、直感的にはありそうなことです。外向的な人は内向的な人に比べて会話の機会が増えると思われるからです。ただし、前に述べた日常言語能力と認知学習言語能力の区別を考えると、自然にコミュニケートする能力(日常言語能力)は外向性と相関するが、筆記テストで測るような外国語能力(認知学習言語能力)は内向的な人のほうが高いだろう、という仮説も立てられます。内向性は外国語とは関係ない学業成績全般と相関がある、ともいわれていたので、この仮説には一定の信憑性がありました。

研究の結果をみると、外向性が日常言語能力と相関する、という傾向は多くの研究によって支持されましたが、内向性が認知学習言語能力と相関する、という仮説のほうは実証データによって支持されませんでした。よって、外向性のメリットはあるが、内向性はあまり関係がない、といえるでしょう。

ただし、日本人の英語学習者に対して行われた研究では、外向性と日常言語能力の相関さえなかったそうです。その研究が行われた1980年ころは日本ではあまり会話練習が行われていなかったと思われることを考慮すればこれも納得のいくことで、そのために、外向性のメリットがあまりなかったのでしょう。実際、ある研究では、質問紙によって測られた外向性よりも、研究者が教室で観察した「外向的行動」のほうが、日常言語能力とより強い相関を示しています。つまり、外向的という性格そのものよりも、「外国語で会話をする」ことを含む外向的行動を実際にすることが、大事だということです。外向的な人でも会話練習のない授業では、外向性を生かすことはできません。

自己抑制をあまりしないほうがよい？

外国語を学び、それを話す、という行為は、ある意味では新しい人格を身にまとうことである、と言ってもいいかもしれません。母語で話しているときはなんでも自由に言いたいことを言えるのに、第二言語ではそうはいかず、ときには頭が悪いように見えるかもしれない。つまり、いつもと違う自分になる必要があるのです。そのため、外国語を話すときは、ある程度自分を解放して、新しい自己を人に見せることになり、ちょっと慣れるまでは、かなり気恥ずかしいものです。そこで、自我が傷つかないようにつねに自分を抑制している人よりも、自由に新たなキャラクターを演じることのできる人のほうが、外国語学習に成功する、という仮説が立てられました。

この仮説を検証するために、ミシガン大学のアレクサンダー・ギオラ（Alexander Guiora）らは、少量のお酒を飲ませることにより、自己抑制の度合いを下げるという実験をしました。すると、お酒を飲んだグループのほうが、まったく知らないタイ語をリピートする時の発音がよかったのです。これも、直感的に納得のいくものです。筆者も大学生時代、英会話の練習をしていたころ、お酒が入ったほうが滑らかに話せた記憶があります。緊張が解けるからかもしれません。しかし、これらの結果は、実験前にアイスキャンディを食べていたグループのみに見られ、空腹でアルコールを飲んだグループにははっきりしたアルコールの効果は出なかったようです。

また、2014年のドイツ語を母語とするオランダ語学習者を対象とした実験では、「動物実験の是非」についてオランダ語で話した録音を、オランダ語母語話者に評価してもらったところ、水を飲んだグループよりもウォッカを飲んだグループの方がオランダ語の発音がよりネイティブに近いと評価されました。

さらに、2021年のオランダでの実験では、音楽フェスティバルでお酒の入った参加者に英語(外国語)の文、もしくはオランダ語(母語)の文を読み上げてもらい、その録音をそれぞれの母語話者に評価させ、体内のアルコール濃度との関係を調べました。その結果、英語(外国語)の場合は、発音の良さにアルコールの影響はないという結果が出ましたが、オランダ語(母語)の発音は、体内のアルコール量が多いと聞き取りにくくなるという結果でした。

ある意味、母語ではろれつが回らなくなるのに、外国語ではそうならないとも言えます。

まだ研究が少ないのではっきりしたことはわかりませんが、夜間の英会話スクールなどでは、ビールやワインでも少し飲みながら授業をするのもよいかもしれません。ただし、ミシガン大学での実験のタイ語の発音は、アルコールの量が多すぎると悪くなるという結果も出ています。外国語でも飲み過ぎるとろれつが回らなくなるので、適量が大事なわけです。いずれにせよ、アルコールの効用については、さらなる検証が必要でしょう。

4　外国語が身につくとはどういうことか

本章では、外国語ができるようになるとはどういうことか、そのプロセスを考えてみましょう。外国語学習のメカニズムについて、今までにわかっていることを述べます。もちろん、まだわかっていないことや、研究者のあいだで論争のある問題も多いのですが、細かい点はさておき、全体像をつかんでいただければと思います。

言語習得は聞くだけでおこる？——インプット仮説

第一・第二言語習得研究において、インプット（聞くこと・読むこと）だけで言語習得が可能か、それともアウトプット（話すこと・書くこと）が必要か、という論争があります。これは主に幼児の母語習得に関する論争なのですが、外国語の学習にも密接に関係してきます。

「言語習得は、母語も外国語も言語内容（インプット）を理解することによってのみおこる」という「インプット仮説」を主張するのが南カリフォルニア大学のスティーブン・クラシェンです。彼はさまざまな証拠から、この仮説の正しさを主張していますが、ここではわかりやすい証拠をとりあげてみましょう。

なかなか話し始めないが、話し始めたら完全な正しい文を話した、という子どもの話を聞いたことがあるでしょうか。以前、一般向けの講演会で70人くらいの聴衆に聞いてみたところ、10人ほどが、そのような子どもを直接知っている、と答えていたので、実際かなりいるようです。幼児はふつう、片言で話しながら徐々に長い完全な文をつくっていくので、なかなか話し始めない子どもがいると、周囲の大人は心配になります。ところがある日突然、大人のような完全な文を話し始めることがあるのです。

筆者の知るかぎりでは、2つのケースがあります。一人は、友人の姪で、なかなか話し始めなかったのですが、初めて言ったことばが、「おかあさん、夕陽がきれいだねえ」だったそうです。もう一人は、アメリカ人の友人の弟で、彼の家族は当時、日本に住んでいて、友人の弟は日英語両方を聞いて育っていたのですが、日本語も英語も話し始めないので心配していたところ、ある日突然、日英語両方を流暢に話し始めた、という話です。

このようなケースは、言語習得そのものは、話す練習をしなくてもおこる、という証拠といえるでしょう。今の2例は母語習得の場合ですが、第二言語習得でも似たような話はあります。親の転勤で海外につれていかれた子どもが、ずっと黙っていたのに、ある日突然話し始めた、というのはよくあることです。

聴解優先教授法の圧倒的効果

もう1つクラシェンがインプット仮説の証拠としてあげているのが、いわゆる「聴解(リスニング)優先」の外国語教授法が驚くべき効果をあげている、ということです。

まず、「全身反応教授法」という教え方があります。これは、先生がStand up!(立ちなさい)、Sit down.(すわりなさい)、Walk to the blackboard, and draw a picture of a flower.(黒板まで歩いて、花の絵を描きなさい)、When the student on your right opens his book, tap your shoulder twice.(右どなりの学生が本を開いたら、自分の肩を2度軽くたたきなさい)などと命令を出し、学生が言われた通りに行動する、という教授法です。最初は先生が命令を出しますが、慣れてきたら学生の希望者に命令を出させます。この教授法では、読み書きは最後の5分くらいで、その日の授業で扱った命令文を先生が黒板に書き、学生がそれをノートに書き写すだけです。

この方法はカリフォルニアのサンノゼ州立大学の心理学者ジェームス・アッシャー(James Asher)が1960年代に開発した教授法で、その効果は日本語、ドイツ語、ロシア語などの学習に関する実験で示されています。当時のスペイン語学習の研究では、授業の70パーセントは聞く活動、20パーセントは話す活動、10パーセントが読み書きに費やされるにもかかわらず、聞く、読む能力は伝統的なオーディオリンガル教授法(第5章参照)で教えられた学生の3倍のスピードで習得され、話す力、書く力も劣らない、という結果が出ています。つまり、リスニング能力の向上が他の技能にも転移する、ということを示しています。

また、アメリカ国防省言語研究所のバレリアン・ポストフスキー(Valerian Postovsky)のロシア語学習の実験も同様で、こちらは、12週間のうち、最初の4週間はディクテーション(教師の言った文を書き取る練習)などの練習に費やして話させず、学期の後半の方だけ話すことの訓練をしたグループと、最初から話すことと聞くことの両方の訓練を受けたグループとを比べました。すると、話すことを4週間遅らせた聴解優先のグループが、最初から話す訓練を受けたグループを総合力で上回り、また訓練を遅らせた話す能力も勝っていました。

また、「イマージョン教育」とよばれる教授法では、基本的には文法を全然教えずに、大多数の教科を「第二言語で」教えます。トロント大学のメリル・スウェイン(Merrill Swain)によれば、イマージョンでフランス語を幼稚園から小学校6年くらいまで勉強した子どもは、聞き取りに関してはネイティブと変わらないくらいになってしまうといいます。

パッツィ・ライトバウン(Patsy Lightbown、コンコーディア大学)の「自主的読書教育」というものもあります。これは、小学校での外国語教育の話ですが、毎日30分、読書の時間を与えておいて、子どもが勝手に自分の好きな本を選んで、その音声を聞きながら本を読むというものです。そこで、この外国語(この場合は英語)を聞いて読んでいるだけのグループと、通常のコミュニケーションを重視した教授法で英語を学習している子どもとを比べると、話す能力においてほとんど差がありませんでした。つまり、インプットの影響は他の技能にまで転移するということです。これはちょっと驚きといえば驚きなのですけれども、かなりの部分まで、インプットだけで習得できるということがありそうです。

このような実験、実践の結果はいずれも、インプットを理解することが言語習得の重要なメカニズムであるということを示唆しています。

テレビから言語習得ができるか

しかし、このインプット仮説では説明できない現象があります。1つは「テレビからは言語習得ができない」という現象です。親が聴覚障害でことばが話せなかったため、テレビを見て育った子どもがいたのですが、ケースワーカーに発見されたときの言語能力は、テレビを理解する能力はあっても、話させると文法的にはかなり不自然だったといいます。

わかるが話せないバイリンガル

さらに、受容的バイリンガルのケースもインプット仮説への反証になります。受容的バイリンガルというのは、聞いて理解することはできるが話すことができないバイリンガルのことで、移民の2世、3世にはよくあります。

たとえば日系アメリカ人の場合、親が子どもに日本語で話しても、子どもは学校に行くようになると、英語のほうが主要な言語になってしまい、日本語が衰えてしまう。そして、日本語はわかるが話せなくなってしまうケースが多々あります。筆者はロサンゼルスでそのような日系アメリカ人と話したことがあります。こちらは日本語、彼女は英語でしばらく会話をしたあと、ちょっと興味があったので、日本語で話してもらったのです。すると、話はなんとか通じるのですが、文法はかなりくずれており、特に動詞の活用が間違いだらけでした。

このような例は、インプットだけでは言語習得はできず、アウトプットも必要だという可能性を示唆します。では、この2つの相反する現象をどう説明すればよいのでしょうか。以下、この問題に関する筆者の仮説を説明します。

インプット＋「アウトプットの必要性」が習得のカギ

突然完全な文で話し始める子どもの例は、実際に話すこと、すなわちアウトプットそのものは言語習得の必要条件ではない、ということを示しています。しかし、インプットだけでは、話せるようにならないことはテレビから言語習得ができないことや、受容的バイリンガルの存在からわかります。

では、突然話し始める子どもは、それまで何をしているのでしょう。おそらく、頭の中で、話すことを考えていると思われます。さまざまな理由で（性格的なものでしょうか）口には出さず、頭のなかで文を組み立てる練習をしているのでしょう。そうでなければ、突然完全な文を話すことはできないはずです。この頭の中での「リハーサル」というのがどうやらカギになりそうです。

テレビを見て育った子どものケースと受容的バイリンガルのケースは、どちらも、このリハーサルをする必要がなかったのでしょう。つまり、彼らのおかれた状況では、インプットを理解する必要はあっても、話す必要がない。だから、聞いてわかるための能力は身についたのですが、発話の練習を頭の中でしなかったのでしょう。そのために発話能力が発達しなかった、もしくは衰えてしまったのだと考えられます。

よって、言語習得がおこるために必要な条件は、インプット＋「アウトプットの必要性」ということになります。アウトプットの必要性さえあれば、実際に話さなくとも、頭の中でリハーサルをすることによって、話せるようになる、という仮説が立てられます。

「英語で考える」とは

よく、英語をマスターするには英語で考えなければだめだ、といわれます。この「英語で考える」という概念はあいまいで、なんのことかよくわからないのですが、筆者は、初めてアメリカに留学したときに、このリハーサルが、「英語で考える」の一形態だと気がつきました。

最初の学期は大学の寮に入ったのですが、まわりに日本語を話す相手はおらず、言いたいことはすべて英語で言わなければなりません。すると、頭の中で英語で何か言っている自分に気づいたのです。考えてみれば、これは自然なことで、人はその日におこったこと、うれしかったこと、腹の立ったことなどを誰かに伝えたいものです。実際に誰に伝えるかはっきりしなくても、話すときには英語だということはわかっているから、それを頭の中で英語でリハーサルすることになります。また、先生に何かを相談しに行く前に言うべきことを考えるなど、いろいろ無意識のうちに考えるようになります。

このようなリハーサルの効果は絶大だと思われます。まず、口に出すか出さないかの違いだけで、頭の中で英語を話しているので、英語を話している時間が2倍、3倍に増えるようなものです。さらに、頭の中で文を組み立てるレベルまでもっていかなければならないので、インプットを聞くときの集中度も高まり、言語処理のレベルも高まります。実際に英語を話す時間はなくとも、英語でアウトプットする必要性があるだけで、リハーサルの効果により、言語習得のスピードが上がると考えられます。

コラム ◉ テクノロジーと外国語学習

本書の初版が出たのは今から20年前の２００４年ですが、この間の技術革新には目を見張るものがありました。外国語学習の観点から特に重要なのは、２００７年に発売されたアップル社のスマホ iPhone と２００５年に設立された動画共有サイト YouTube で、その少し前の１９９０年代から徐々に広がっていたインターネット、また有線・無線ブロードバンドの技術革新に伴って、人々の情報収集、娯楽、コミュニケーションの方法を大きく変えました。コミュニケーション方法に関していえば、通話・メールアプリＬＩＮＥが日本でこれほど一般化するとは、20年前には誰も想像がつかなかったでしょう。

外国語学習に関しては、YouTubeの普及により、インプット教材がふんだんに、手軽に手に入るようになり、英語であれ、フランス語であれ、中国語であれ、簡単に自分の興味にあった内容を探して聴くことができます。また、自分が見た動画に関するコメントを書き込めば、アウトプット練習にもなります。iPhoneなどのスマホは、基本的にどこでも使えるので、インプットの量を飛躍的に増やすことができます。ビデオ通話・会議なども、2000年頃から少しずつ使われるようになってはいましたが、2020年ごろから新型コロナウイルス感染症に対応するためにさらに普及し、外国との会議も技術的には簡単にできるという状況になり、アウトプット・インターアクションの機会が格段に増えました。そのためのプラットフォームも多数発達しました(Skype, FaceTime, Zoomなど)。

このようにテクノロジーの発展により、学習機会にアクセスしやすくなったのは紛れもない事実です。筆者が大学生のときは、Face the Nation(CBS)やThe MacNeil/Lehrer NewsHour(PBS)などのニュース番組を見るために、わざわざ浜松町のアメリカンセンターに通っていたことを考えると、まさに隔世の感があります。この向上したアクセスをうまく活用して、付録「知っておきたい外国語学習のコツ」に示した効果的な外国語学習の原則にそった方法で学習をすれば、効率よく外国語能力が伸ばせるでしょう。ぜひ試してみてください。

さらに生成ＡＩなどの自然言語処理システムの発展も、今後の外国語学習に革命的な変化を与えると思われます。自分が話した、もしくは書いた外国語を直してくれたり、また外国語での話し相手になってくれたりします。まだ完璧とはいきませんが、今後の技術革新でより精度は高まり、実用性も上がるでしょう。ただし、完璧になるまでには、どうしてもまだ時間がかかりそうです。自動翻訳もかなり良くなってはいますが、まだ誤訳や意味不明な訳も多いのです。目的にもよりますが、やはり自分の言葉で考えを伝え、コミュニケーションをしたいという人は多いでしょう。今後とも、外国語の学習の意義がなくなることはないと思われます。特に英語がインターネットの世界での共通語となった今、よかれ悪しかれ、その習得が重要になることに間違いはないでしょう。

言語習得のメカニズム

前に述べた、「言語習得は言語内容を理解することによってのみおこる」というインプット仮説を提案したクラシェンは、１９７０年代後半に包括的な第二言語習得の理論を提案しました。非常に単純な理論ですが、ある意味では第二言語習得のエッセンスをとらえており、80年代は彼の理論にかなりの注目が集まりました。かなり極端な理論なので批判も多いのですが、紹介しましょう。

まず、先ほどとりあげたような証拠にもとづいて、インプット仮説を提案したクラシェンは、さらに「モニター仮説」を提案しました。これは、ほんとうの意味での「習得」は言語内容を理解することによって「無意識的に」のみおこり、意識的な「学習」は、自分の発話をチェックするモニターの役割しかしない、という仮説です。つまり、言語内容を理解することによっておこる無意識的な「習得」と、学校の授業などでおこる意識的な「学習」という、2つのルートを想定し、第一言語でも第二言語でも、インプットを処理することにより「言語習得装置」が機能して言語習得がおこり、意識的に勉強することはさほど役に立たない、というものです。

知っているのに使えない知識

これはある意味では、われわれの直感に合う仮説です。たとえば、主語が三人称単数で動詞が現在形(三単現)のときに動詞につける -s (He walks to the store.)は、中学1年のときに学んで、知識としてはわかっているのに、実際に書いたり、話したりするときは使えない、ということがあります。クラシェンによれば、これは意識的に学習した知識で、本当の意味で習得されたものではない。だから、自分の注意が発話の「正しさ」に向けられている場合にしか、そのような知識は役に立たない、という説明です。外国語を学習した人ならば、誰でもこのような経験はあるので、なるほどそうだったのか、と妙に納得させられるところがあります。

クラシェンはさらに、この無意識的な「習得」と意識的な「学習」はまったく別のもので、学習が習得に変わることはない、と断言しています。

無意識的な習得とは

無意識の外国語の習得などありうるのか、という疑問をもつ方も多いと思います。しかし、人間の認知活動はかなりの部分、意識にのぼらないところで行われているのです。

1つ例をあげると、筆者が大学院生のころ、次のようなことがありました。大学に通うバスの中で、コネクショニズムという、コンピューターによる認知モデルについての博士論文を読んでいたのです。バスを降りて、授業のある教室まで歩いていると、アバ(ABBA)のThe Winner Takes It Allという歌を口ずさんでいる自分に気づきました。この曲は好きな曲ですが、もう何年も聞いていなかったので、なんで突然こんな歌をうたっているのだろう、と不思議でした。コネクショニズムに詳しい方はもうおわかりだと思いますが、実はバスの中で、Winner-take-all-networkというものについて読んでいたのです。それが、The Winner Takes It Allという歌を活性化させたわけです。自分でうたうと決めたわけでなく、そのとき読んでいたものに無意識のうちに刺激されて、脳が勝手に「うたえ」と指令を出したわけです。鼻歌をうたう、という活動はだいたいこんな感じだと思います。知らないうちに、うたっているのです。

また、ある種の脳障害からくる記憶障害をもつ人が、ある単純作業を何度か行って、その結果、作業効率は上がっているのに、自分がその作業をしたことを覚えていない、という現象もあります。これは、意識にのぼる記憶とそうでない記憶を脳の別の部位が司っており、両者は別々のプロセスだということを示唆します。

特に言語の使用に関しては、我々はかなりの部分を無意識のレベルでやっています。話すときに、いちいち、「が」を使うか、「は」を使うか、などと考えてはいません。ことばはどんどん自然に出てきます。幼児がことばを覚えるときも、ここは「が」、ここは「は」などと考えているとは思えません。

無意識というと、フロイトの精神分析理論を思い出す方も多いと思いますが、実際、最近の脳神経科学の研究の進展により、フロイトの理論のかなりの部分が正しかったことがわかった、と主張する研究者もいるのです。

知識の自動化モデル

さて、意識的に学習された知識が無意識的に習得された知識に変わることは本当にないのでしょうか。クラシェンの「学習された知識はコミュニケーションの場面では役に立たない」という主張は、ある意味では直感に訴えるところがあります。しかし、多くの日本人のように、学校英語をまず身につけ、それから、聞き取りや会話を勉強して実際に使えるようになった人の経験とはちょっと矛盾するようです。実際、このあたりでクラシェンの理論は批判されています。つまり、意識的に学習された知識が徐々に自動化されて使えるようになる、と主張する研究者もいるのです。

人間が習得するスキルは、最初はゆっくりで、徐々にスピードがついてくるものが多いのも事実です。よく引き合いに出されるのが、車の運転です。最初は、キーを入れるところから、ひとつひとつ順番を考えながらやらないとできませんし、しかもゆっくりです。ひとつひとつの動作にかなり注意を払わなければなりません。それが慣れてくると、ほとんど自動的にできるようになり、人と話をしながらでもできます。これが知識の自動化です。言語習得も同様におこる、というのがこの自動化モデルの立場です。

なぜ三単現の-sがいつまでたっても使えないのか

では自動化モデルは、どのようにして「知っているが使えない」という現象を説明するのでしょう。これは、「容量の限界」という考え方で説明されます。

人間には一度に処理できる情報の量に制限があり、それを超えたところまで注意を向けることができません。たとえば、外国語として英語を話すときには、単語をつなげて、意味を伝えることに注意が向いてしまい、文法的正しさは二の次になってしまう、というのはよくあることです。

そして、英語を話すことがある程度自動化してくると、注意を払う必要が減ってきて、意味を伝えるためにはあまり重要でない、三単現の-sなどの文法事項にも注意を払う余裕が出てくるのです。これは言語以外のスキルでも同様で、自動車の運転も最初は集中していないとできませんが、慣れてくると自動化し、話をしながらでも車の運転ができます。また、最初は意識的だった、車をスタートするときの手順さえも、はっきりと説明することが難しくなってきます。これは、最初は意識的で時間のかかった動作が、自動化により無意識化したということです。

最近、この記憶の処理容量(作動記憶＝ワーキング・メモリー)が、外国語学習の適性と関係がある、という提案もなされています。つまり、一度に処理できる容量の大きい人が、外国語が上手になる、という発想です。

外国語を話しているときは頭が悪くなる？

一度に処理できる情報の量が限られているとすれば、あまりできない外国語を話しているときは、思考力が低下するのではないか、という疑問がわきます。しかし、一方、難しいのは外国語で話すことそのものだけで、思考力が落ちることなどはない、という考え方もあるでしょう。

東京大学の心理学者、高野陽太郎らは、被験者に言語課題と思考課題を同時にやらせる実験でこの問題を検証しました。言語課題は外国語で「ライオンは水の中に住んでいる動物である」といった文を聞いて、それが正しいかどうか答える課題、思考課題はまったくことばを使わない図形問題です。そして、言語課題を母語でやったときと、外国語でやったときに、単独で図形問題をやったときに比べて、それぞれどのくらい成績が落ちるか、つまりどちらがどのくらい思考に干渉するかを調べたのです。結果は、外国語で言語課題をやったときのほうが、母語で言語課題をやったときよりも、明らかに干渉が強く、また外国語の能力が高ければ、干渉の度合いは低くなることもわかりました。

つまり、外国語を話しているときは、多少なりとも思考力が低下する、ということです。このことから、重要な議論をする場合は、可能ならば通訳を使うほうがよい、ということがいえます。また、外国人が日本語を話しているのを聞いて、その人の知的レベルを判断することには、注意が必要です。さらに、外国語で仕事をするためには、思考の低下の度合いを抑えるため、なるべく外国語の能力を高めておく必要があるでしょう。これらもまた、自動化モデルと「容量の限界」の帰結であり、外国語で仕事をするうえで、また外国人と仕事をするうえで、注意しなければならないことだと思います。

インプット仮説か自動化モデルか

以上、2つの対立するモデルをまとめると、次のようになります。

インプット仮説：習得は言語内容を理解することによってのみおこり、意識的に学習された知識は発話の正しさをチェックするのに使えるだけである。

自動化モデル：スキルは、最初は意識的に学習され、何度も行動をくり返すうちに自動化し、注意を払わなくても無意識的にできるようになる。

2つの立場はどちらもある意味では極端で、その後、多くの研究者はこの中間的な立場をとるようになりました。まず、意識的に学習された知識が発話にはつながらない、という立場は強すぎる、という理解が一般的です。実際、多くの学習者がこの自動化モデルに従って、ゆっくり話していたのが流暢に話せるようになっています。クラシェンは、それは、実は言語内容を理解することによって自然な習得がおこっているからだ、と説明していますが、これは検証のしようがありません。

また、意識的な学習によって、自然に聞いているだけでは気づかない言語項目に注意がいき、聞き取りができるようになり、それがまた自然な習得を促進する、という効果も考えられます。たとえば、英語の冠詞のaとanの区別は、ただ聞いているだけではなかなか聞き取りにくいですが、知識として習うと突然聞こえるようになる、といったことです。

さらに、聞いているだけでは、正確さがどうしても身につかない、という問題もあります。先に紹介したイマージョン教育の例でいうと、聞き取りの能力はネイティブと差がないくらいになるにもかかわらず、文法的な正確さや、社会的に適切な表現を使う(たとえば友だちと話すときと先生に話すときとで表現を変える)能力は劣っている、という結果も出ています。このあたりは、意識的・明示的な知識を利用して、それを自動化させる必要があるのかもしれません。

一方、自動化モデルにも問題があります。第5章で詳しく説明しますが、言語の知識というのは、意識的には習得できないものも多数含まれています。実際、かなりの文法知識は、一般の人には意識的には説明不可能なもので、言語学者でさえも、きちんと説明できないものが多数あります。それを、すべて意識的に理解し、さらにそれを自動化していくというのは事実上不可能なのです。ですから、インプットだけで習得される部分が多い、というのは否定のしようがない事実です。

結論的には、次のようなまとめが現実的なものでしょう。

（1）言語習得は、かなりの部分が言語内容を理解することによっておこる。
（2）意識的な学習は、
（a）発話の正しさをチェックするのに有効である。
（b）自動化により、実際に使える能力にも貢献する。
（c）ふつうに聞いているだけでは気づかないことを気づかせる効果がある。

5 どんな学習法なら効果があがるのか

第1章と第2章で、日本人が英語ができない理由を論じました。第1章は動機づけの問題(日本人には英語の必要性は低い)、そして第2章で、日本語と英語の距離(日本語は英語とかなり違うので日本人には難しい)について、それぞれ日本人が英語学習において不利になっていることを示しました。しかし、だからといって、それがすべてではありません。日本人に英語ができない理由には、学習法の問題も当然あります。本章では、第二言語習得研究の成果から、学習法・教授法について検討したいと思います。まず、外国語学習に関する理論がどのように変わってきたか、その歴史を振り返ってみましょう。

外国語学習理論の前史

第二言語学習そのものは何千年も前から行われており、それに関する言説もそれなりにあったようです。ただ、最初は、科学的に第二言語習得をみるというよりは、哲学者とか文学者とかがそれぞれ「第二言語学習とはこういうものだ」と、いわば好き勝手なことを言っていた時代と考えてよいでしょう。

言語学と心理学による学習理論

初めて第二言語習得、もしくは第二言語学習を科学的にとらえようとしたのが、心理学と言語学です。特に、第二次大戦のころから、諜報活動の必要性から効率のよい外国語教育が求められたという背景をもとに、主に米軍関係の語学教育機関で、より科学的に外国語教育にあたる動きが活発になりました。そして、第二言語学習にもっとも関連する分野として心理学と言語学が駆り出されることになるのですが、その当時、言語学では「構造主義言語学」、心理学では「行動主義心理学」が主流となっていました。

構造主義言語学は、「個々の言語は互いに限りなく異なりうる」という信念のもとに、多くの言語の音声、文法体系を記述することを主たる目的としていました。また、行動主義心理学は「刺激‐反応」による学習理論をかかげ、あらゆる学習は、刺激‐反応にもとづく「習慣形成」だ、という見方をしていました。

そこで、この2つの考え方にもとづいて、「限りなく異なりうる」第一言語と第二言語の違いの対比をして(「対照分析」といいます)、その違ったところを徹底的に反復練習し、第二言語における新しい「習慣」を身につければその言語（第二言語）は使えるようになるという考え方に立った教授法が確立されました。これが「オーディオリンガル教授法」です。この教授法は日本の英語教育にも持ち込まれ、オーラル・アプローチという名前で当時かなり使われたようです。年輩の読者は覚えているかもしれませんが、「パターン・プラクティス」というテクニックで、次々に生徒に文の変換（たとえば、肯定文→否定文）などをさせる教授法です。

ところが、1960年代にノーム・チョムスキー（Noam Chomsky）というマサチューセッツ工科大学（MIT）の言語学者が構造主義言語学と行動主義心理学の基盤をひっくり返してしまったことによって、オーディオリンガル教授法の理論的な背景が破綻してしまいました。さらに、実際にオーディオリンガルで教えてもどうも外国語が使えるようにならない、ということもわかってきました。そういった理由から、この対照分析とオーディオリンガル教授法は、影響力を失っていきました。

理論的な背景が失われてからは、音楽を聞かせながら勉強するサジェストペディアとか、ほとんど話さずに学習するサイレントウェイとか、面白い教授法がいくつか出てきましたが、これという決定打はありません。教授法に関しては、決定版がない、という時代がその後、続いています。

しかし、第二言語習得や、応用言語学の研究成果から、現在望ましいと考えられている原則のようなものはあります。それは、「言語の形式に焦点をあてるのではなく、言語の意味、すなわち、言語を使ってメッセージを伝えることに学習活動の重点をおく」ことです。これは、「コミュニカティブ・アプローチ」、もしくは「伝達中心の教授法」などとよばれています。第4章で述べたように、言語習得が言語内容を理解することで進むのであれば、言語を伝達の手段として使うことを学習活動の中心におくべきなのです。

文法訳読方式と、オーディオリンガル教授法の共通点は、どちらも「意味」ではなく、「形式」に教授の重点をおいていることでした。言語習得の原則からかけはなれているという意味では両者は同じです。第二言語習得理論からは、メッセージ、すなわち意味の伝達に重点をおいた教授法がより効果的なものだといえるでしょう。

「第二言語習得研究」の誕生

構造主義言語学、行動主義心理学にもとづいたオーディオリンガル教授法の隆盛が終わった後は、第二言語教育、第二言語学習に関する科学的な研究は、「第二言語習得」という分野に移ることになります。エジンバラ大学の応用言語学者ピット・コーダー(Pit Corder)の1967年の論文「学習者の誤用の重要性(The significance of learners' errors)」が、第二言語習得研究の誕生であろう、とよくいわれています。このコーダーの論文では、学習者の犯す誤りは学習者の心理的なプロセスを反映して出現し、それを研究していくことによって第二言語学習のメカニズムの解明につながるという主張がなされています。

なぜこれが画期的だったかというと、それまでの第二言語学習に関するアプローチ、たとえば対照分析とオーディオリンガル教授法は、完全に言語学・心理学理論からトップダウン的に提唱されたものであり、学習者に目を向けていなかったからです。実際、対照分析とオーディオリンガル教授法では、習得対象の言語の分析と、その当時有力であった行動主義心理学の学習理論にもとづいて、学習者の習得の難易度を勝手に推測しており、その推測ないし仮説が実際に正しいかという検証はあまりなされていなかったのです。そこで、そういう検証をするために学習者のデータを集めてみたら、仮説は支持されませんでした。

コーダーのこの論文が第二言語習得研究の誕生といわれているのは、この論文を境に、第二言語学習の研究が学習者の誤用を分析する、つまり学習者の実際の習得プロセスそのものを研究するという方向に進んだからなのです。

誤用分析の限界

コーダーらが行った学習者言語の分析は、「誤用分析」とよばれます。ところで、誤用をみていれば学習者の習得パターンのようなものはある程度みえてきますが、それだけみていたのではわからない、さまざまな問題もあります。

たとえば、学習者は使いにくい表現を「回避」することがあります。たとえば、ある学習者が「英語の前置詞つき関係代名詞(例：in which)は使いにくいから、その表現は使わないで他の表現で言おう」という回避をすると、その学習者がin whichを実際に使えるのかどうかはわかりません。

誤用分析だけをしていたのでは、実際の学習者言語、学習者の中間言語システムの全体像はわからない、ということをはっきり指摘した南カリフォルニア大学のジャクリーン・シャクター(Jacquelyn Schachter)の有名な論文、「誤用分析の誤り(An error in error analysis)」が1974年に発表され、それ以来徐々に、学習者言語の分析に関しては「誤用分析」から「中間言語分析」という方向に向かうことになりました。

中間言語分析

まず、「中間言語」とは何かを説明しておく必要があります。中間言語とは当時ミシガン大学にいたラリー・セリンカー(Larry Selinker)の用語で、学習者言語は学習者の母語から徐々に学習している第二言語に近づいていき、どの段階をとっても、その2つの中間のどこかにある、という発想にもとづいていていました。

さて、中間言語分析が誤用分析と何が違うかというと、誤用分析の視点が「学習者が間違えたかどうか」、つまりターゲット(目標言語の「正しい」用法)との比較で行われるのに対し、中間言語分析というのはターゲットと合っているかどうかということとは関係なく、学習者言語の「自律性」に着目し、「学習者がつくりあげる言語では、ターゲットとは別に学習者なりのルールをつくりあげているのだ」という観点で学習者言語をみる点です。

１９８０年代以降は、学習者の中間言語のシステムがどうなっているのか、それはどのように発達していくのか、どのような理由でそのような習得がみられるのか、といったことを明らかにするのが第二言語習得研究の中心課題になって現在まで続いています。

第二言語習得研究における重要な発見

これまでの第二言語習得研究でわかったことについて、すでにここまでの章である程度説明してきましたが、それ以外で、外国語教育・学習にとって重要と思われるものを、応用的側面を中心に紹介しましょう。

習得順序

「習得順序」というのは、学習者がどういう順序でさまざまな文法項目を習得していくかということです。すでに述べたように、これについては主に英語の文法形式の習得順序の研究が1970年代にかなり行われて、ある程度わかってきました。

それに加えて、「発達順序」というものもあります。それでは文法形式の習得順序とこの発達順序はどう違うのかというと、文法形式の習得順序のほうは、具体的にいくつかの形式(たとえば、冠詞、複数形、過去形、進行形、be動詞など)をみて、それがどういう順序で習得されるかを調べます。

それに対して、発達順序のほうは、ある1つの言語領域に関してどのように発達していくかを調べます。そして、発達順序は基本的には変えられないようなものだという前提が、暗黙にではありますが、おかれているようです。たとえば、否定文・疑問文などの発達に関する研究がそれです。ジョン・シューマン(John Schumann、カリフォルニア大学ロサンゼルス校)らがハーバード大学の研究グループのメンバーとして行った否定文の発達順序の研究によると、英語の場合、正しい動詞否定文はI don't goなのに、学習者はたとえばI no goと言います。しかも、すべての学習者が、たとえ日本語のように否定辞(「ない」)が動詞の後にくる

（「行か＋ない」）言語を母語とする学習者であっても、例外なくno＋goという、否定辞noを動詞の前におく段階を通るといわれています。

この否定表現の発達順序の研究は、第一言語が違っても発達順序は普遍的である証拠としてよくもち出されます。同じように、疑問文はどういう順序で習得されるかという研究もあります。それから、ドイツ語の語順規則を習得するときにも、変えることのできない段階を通るとされています。

こういう習得順序研究を通じて、学習者の習得パターンがある程度わかってきましたが、これは、とくに第二言語の教師や学習者にとっては、重要な示唆があります。たとえば中学校の英語では、三人称単数現在（三単現）の動詞接尾辞の-sは、かなり早い時期に導入されます。ところが三単現の-sが実際に使えるようになるのは相当後である、ということは数多くの研究によって証明されています。どんなにルールがはっきりとわかっていても、即座に実際に使えるようにはなりませんし、筆者自身もいまだによく間違えています。

そういう事実を英語の先生が知っているか知らないかで、決定的な違いが出てきます。先生が、三単現の-sというのは相当難しいということがわかっていれば、学習者が会話の中で三単現の-sを落としたときに「はい、あなた、三単現の-sを落としましたよ」と叱っても無駄だということがわかります。また、学習者のほうも、「ああ、こんな簡単な文法ができないなんて、情けない」などと思う必要はまったくないのです。ところが、三単現の-sだろうが過去形の-edだろうが、とにかく教えればすぐに使えるようになると先生が思っていたら、なんでもかんでもつねに直すかもしれません。学習者が「自分は情けない」なんて自己嫌悪に陥って英語が嫌いになってしまっては元も子もないのですが、実際そういう中学生もいるかもしれません。だから、こういう研究は大事なのです。

日本語学習の例をあげると、否定形の発達順序も、ある程度わかってきています。たとえば、過去形の形容詞の否定形の「おいしくなかった」なんて言うのは否定形としては非常に難しくて、「食べない」と言う方がずっとやさしいのです。すると、「食べない」もまだできない外国人が「おいしくなかった」と言えなかったからといって、日本語の先生がそこでいちいち「おいしくなかった」と直しても、あまり効果は期待できないでしょう。「食べない」もできないうちから「おいしくなかった」ができるなんていうことは、あまりないでしょう。

ただ、だからといって、絶対に直してはいけないと言っているわけではありません。実際の授業ということになれば、今日の授業のフォーカスは何かとか、いろいろな要素を考慮して決めることになります。ここで強調したいのは、外国語の教師はそういう第二言語習得の基本原理を知っていないとまずい、また学習者もそういう知識をもっておいて損はない、ということです。

教えることで効果はあるのか

「教えることで効果はあるのか」という問いを立てること自体、非常にラディカルなことですが、こういう当たり前と思えるようなことを疑ってみるのが、研究を進める上で大事なことです。我々が当たり前だと思っていたことが、実際に調べてみるとそうでもない、ということはよくあるからです。(たとえば、リストラで経費削減をすれば業績が向上すると一般には思われていますが、経営学の研究者が調べてみると、業績悪化につながっているケースが多いそうです。アメリカの話ですけれども。)

ただし、ここでは、日本における日本語の習得とか、アメリカにおける英語の習得とか、いわゆる「第二言語環境」での話をしていることを念頭に置いてください。学習者のまわりで使われていない「外国語環境」のときはもちろん、教室で教えなければ全然接触の機会がないわけですから、習得できなくて当然です。

ハワイ大学のマイケル・ロング(Michael Long)の１９８３年の論文では、それまでの研究を網羅的に検討して、第二言語の場合も、教えない場合と比べて教えたほうが効果が高い、という結論を出しています。ですから、「教えなくとも、子どもをその辺にほっといて他の子どもと遊ばせておけばすぐできるようになるよ」という俗信は必ずしも正しくない、ということでしょう。

教えることで習得順序を変えられるか

一方、習得順序という特定の側面に注目すると、話が変わってきます。オークランド大学のロッド・エリス(Rod Ellis)など、多くの研究者は、「(ロングのいうように)習得のスピードと、最終的到達度については、教えることの効果があるが、習得順序については教えても変わらない」ということを主張しています。しかし「こんなに強いことを言っていいのかな」という疑問も感じます。というのは、これは非常に中核(コア)の文法項目についてのみ言えることだからです。文法項目の中にもいろいろあって、習得順序が決まっていて変えられないようなコアの文法項目と、教えればすぐに使えるようになる文法項目とに分かれていることも考えられます。

ハンブルク大学のユーゲン・マイゼル(Jürgen Meisel)らの研究によれば、ドイツ語のseinという動詞(英語のbe動詞に相当する)は、いつでも教えれば使えるようになるが、それに対して、前に触れたドイツ語の語順のシステムの習得順序は、どういう教え方をしても変えることはできないといわれています。したがって、どういう項目が教えてもだめな項目で、どういう項目は教えたら効果があるのか、ということを研究して解明しないと、学習者にとってよりよい教科書ができるようにはなりません。

教えることにより学習者の志向を変えられる

なぜ教えることで効果があるか、という問題に関しては、当然いろいろな答えがあるでしょう。前の章で述べた「知識の自動化」モデルを支持する研究者たちは、教えた知識が練習により自動化して使えるようになる、と考えています。また教えることで、それまで聞き取れなかったことが聞き取れるようになり、習得を促進することもあるでしょう。

さらに、学習者の志向を変えられる、つまり学習者が正しさを求めるようになる、ということが考えられます。ただ単に実生活を通じて自然習得でやっていると、「ネイティブのように話したい」と思う人は正しい外国語を話すようになるかもしれませんが、「別に同じようにならなくても、通じりゃいいよ」という人は、正しい外国語を習得するようにはならないでしょう。

あまりにも当たり前のことですが、実は、先ほどのマイゼルらの移民のドイツ語習得の研究で、それを裏付けるデータが出ています。統合的志向(「ドイツ人に共感をもち、ドイツ人の友人がいる」)のグループと隔離的志向(「別にドイツ人と仲良くしなくていいと考える」)のグループを比べると、ドイツ人と仲良くしたいと考えているグループのほうが、正しいドイツ語文法を使えるようになるのが早いことがわかりました。これはおそらく、「通じればいい」と考える学習者よりも正しく話そうとするために、意味だけでなく、つねに形式的正しさにも注意を向け、徐々に自動化していくのだと思われます。

教室における外国語学習でも同じことがいえるでしょう。教室で教えれば、正しい表現を習得しようとするようになりますし、多くの場合は、テストで正しく使えるかどうかを測定されます。そのため、形式的正しさにも注意を払うようになり、それが文法発達にプラスに働くのでしょう。

形式中心から意味中心へ

さて、第二言語習得研究の結果わかってきたこととして、外国語のメッセージを理解する、すなわちインプットの理解が、言語習得を進めるうえで非常に重要だということがあります。アウトプットが必要かどうか、という議論はありますが、インプットを理解することの重要性を否定する研究者はいません。第4章で述べたように、インプットによって第二言語の音声、語彙、文法の自然な習得が進むのです。先に述べたように、文法形式よりも、メッセージの意味を理解することを重視した学習が重要だということです。

日本は相変わらず形式中心

「意味に焦点をあてたコミュニケーション」が言語習得を進めるとすれば、形式に重点をおいた日本の学校英語教育は、基本的な外国語習得の原理からはずれていることになります。聞いたり読んだりして直接メッセージを理解する機会が決定的に不足しているのです。

文法訳読方式の功罪

外国語学習法の効果は、学習目標によって変わってきます。つまり、よい学習法というのは、目標を効率よく達成する学習法のことです。そう考えると、文法訳読方式というのはある意味では効果があります。英語を日本語に訳す力は身につくからです。筆者自身、高校3年生のときに、難解なバートランド・ラッセルの哲学書を、「入試に出る」という理由で読んでいました。（というより、日本語に訳していました。）

しかし、実際のコミュニケーションの場面で使える英語を身につけるには、文法訳読方式は大変効率の悪い方法といわざるを得ません。もちろん、文部科学省や英語教育の専門家は、コミュニケーション重視のカリキュラムを組むなど、改善の努力をしています。しかし、入試で測られる英語能力が読み書き文法を重視したものになっている現状では、教え方はどうしても文法、訳読中心にならざるを得ません。オーラルコミュニケーションの時間に文法の副教材をやっている、というのはよく聞く話です。また、学校ではオーラルをやっても、塾や予備校で文法を勉強する、いわゆる二重構造もあるようです。

そのため、現状では自然に使える英語力を身につけるには、インプットの量が圧倒的に不足しています。日本語に訳して、その日本語を読んで意味をとる、というのは、自然な言語習得に必要な「インプットを理解する」という機会を学習者から奪っていることになります。日本の中学生、高校生の英語学習にとって一番重要なのは、入試でしょう。つまり、「道具的動機づけ」が主要な学習動機になっているのです。これはある程度当たり前のことです。また英語教師も入試をターゲットにして教えます。ですから、高校・大学入試でリスニングの比率が増えれば、中学・高校での学習活動が、より言語習得の原理にかなったものになるでしょう。

コラム ◉ 入試と外国語学習

本章の入試に関する記述は、ほぼ初版(2004年)のままですが、2006年には大学入試センター試験に英語のリスニングが導入されました。さらに、その後、日本の大学入学共通テストに４技能（読む・書く・聞く・話す）のテストを導入する計画が提案され、２０２１年入試に導入直前まで行ったのですが、最終的に断念されました。ここではその背景を分析します。

まず、４技能をテストする、というのは、世界的な言語テストの潮流を反映していま す。そして、その背後にあるのが、「間接テスト」から「直接テスト」へという流れで す。北アメリカの大学に留学するための英語力テストＴＯＥＦＬ（Test of English as a Foreign Language）は、以前はリスニング、リーディング、文法という形式で、スピーキング、ライティングは測っていませんでした。この背後にあるのが「間接テスト」という考え方で、スピーキング、ライティングなどの能力を「直接」測らなくても、その他の能力を測れば、推測できる、というものです。専門家は膨大な学習者のテストのデータをもっていますから、そのデータを使って、実際には測っていない能力との相関関係を調べれば、かなりの正確さで「間接的に」推測できる、というのです。それでも、現実は例外もあるわけで、聞いたり、読んだりはできても、まったく話せない学習者もいます。やはり、話す力、書く力は、直接測らないといけないのではないか、という考えが言語テストの主流となってきました。

また、４技能テスト導入の背後にあるもう１つの潮流は、「個別要素テスト（discrete-point test)」から、「統合的テスト(integrative test)」への移行です。たとえば、単語の意味や、文法事項をテストするのが個別要素テストですが、それができたとしても、実際にその知識を言語使用の場面で使えるとは限らないので、実際に使えるかを試すのが統合的テストです。最新の日本の大学入学共通テストでも、こういった傾向を反映してか、統合的テスト的な問題を多数使っています。

このように、4技能をテストするというのは、あるべきテストの姿なのです。では、なぜ日本の大学入試で導入に失敗したかというと、ネックとなったのは「実用性」の問題です。優れたテストの3要素としてよくあげられるのが、「妥当性(validity)」「信頼性(reliability)」「実用性(practicality)」です。妥当性は、「テストで測定したい能力」を実際に測っているか。たとえば、話す能力を測りたいのに、文法問題をやらせては、妥当性に欠けます。信頼性は、そのテストが常に同じ結果になるかどうか。たとえば、1週間おいて同じテストをして同じ結果になれば、そのテストは信頼性が高い。測った結果が安定しているということです。そして実用性は、実際にテストを行う現実的条件があるかどうか。大学入試の全国共通テストに長いことリスニングの問題がなかったのは、それを可能にするために莫大な費用がかかり、また雑音の問題など信頼性、妥当性を脅かす現実的な問題が予想されたからです。

２０２１年の４技能入試の導入において、一番のネックになったのは、実用性の問題です。理解能力（リスニング、リーディング）は多肢選択問題などで測定できるので客観テストを作りやすいのですが、産出能力（スピーキング、ライティング）は、客観テストで測りにくく、受験者が産出した言語を、公平に、正確に、短時間で採点することが必要になります。4技能テスト導入直前に至るまで採点の方法に関してさまざまな問題が指摘され、結局この実用性の問題をクリアするだけの準備ができなかったというのが実情でしょう。将来的には、録音した受験者の発話を、AIによって自動採点することも可能になるかもしれません。これで正確な評価ができるようになれば、実用性の問題をクリアすることに近づくでしょう。

第二言語習得（SLA）の観点からは、大学入試で4技能テストができれば、そこに到達するまでの英語教育のあり方に良い影響を与えると思われるので、4技能テスト導入は望ましいでしょう。ただ、それを達成するための手立てが十分に準備できないのであれば、無理して4技能テストを導入する必要はないかもしれません。

実際、大学入学共通テストへの4技能テスト導入が断念された後、どうなったかと言えば、英語のテストはインプット2技能のみ、個々の大学に配点は任されましたが、基本的配点は、リスニング50パーセント、リーディング50パーセントという比率となり、「大量のインプット」を達成するには、以前よりずっと良い入試環境になりました。ただ、本書でも強調しているように、インプットだけ、という学習環境よりも、アウトプットがある方が効果的です。「アウトプットの必要性」がインプット処理のレベルを向上させるからです。ですから、アウトプット能力を測るような間接テストを導入することを検討するべきでしょう。そうすることによって、英語教師が、アウトプット活動をやりやすくなると思います。どんな試験問題がアウトプット能力を間接的に予測できるかは、今後の研究を待たねばなりませんが、たとえば、単語を並べ替えて正しい文を作る問題(アウトプットのための文法力を測る)とか、短いダイアローグを聞かせて、最後の発話を書かせる、といった問題も考えられそうです。

4技能テストは、全国規模の大学入学共通テストへの導入に失敗しましたが、すでに現在でも、英検など、4技能を測るさまざまな英語関係の資格試験が大学入試で活用されているという現実があります。これも、高校までの英語教育を変えるのに、かなりの効果をもつと思われます。また高校入試へのスピーキングテスト導入も始まっており、ここで挙げたような実用性の問題にうまく対応できるかといった点も含め、今後の入試改革に注目していく必要があるでしょう。

自然なインプットとアウトプットの効用

なぜ意味を理解することが言語習得につながるのでしょうか。ニューメキシコ大学のジョン・オラー(John Oller、現ルイジアナ大学)によれば、その言語の「予測文法」というものが身につくからだ、ということになります。

たとえば、英語がある程度できるようになると、He gave me... と聞いたら、次に何がくるかは、無意識のうちに瞬時に予測できるようになります。He gave me という情報をもとに、次にくるのは名詞で、多分プレゼントだろうとか、可能性の高いものを無意識のうちに予測します。このような能力は日本語に訳していては身につきません。大量の英文を聞いて理解しているうちに、このような能力がついてくるのです。会話をするときには、意味と音声形式の関連づけを、かなりのスピードですることが必要となります。そのためには、このような無意識に使える予測文法が不可欠なのです。いちいち日本語に直している時間はありません。

話すことに関していえば、自動化のためのスピーキング練習が圧倒的に不足しています。スピーキング練習がないため、学習者が頭の中でリハーサルをする必要性もないのです。これでは、話す力が身につかないのも当然です。

筆者は、アメリカ留学中に面白い経験をしました。カリフォルニア大学ロサンゼルス校（UCLA）の夏学期のことで、初級日本語を勉強していたUCLAの学生とバスケットボールをしていたところ、日本から来た3人の大学生がそれを見ていたので、話をさせてみたのです。日本人学生は英語で話そうとしたのですが、うまく話が通じず、日本語を始めたばかりのUCLAの学生のほうが、会話の主導権を握り、日本語で話していました。

これは、「中学・高校で6年間勉強しても話せるようにならない」という、よく聞く話の典型的な例ですが、注目すべきは、UCLAの学生は初級のうちからかなり日本語で話せるように訓練されている、ということです。これは最初から、限られた文法、単語でコミュニケーションの道具として外国語を使う「コミュニカティブ・アプローチ」で教えているからです。

文法訳読中心の英語教育は、無駄ではありませんが、外国語学習の本来の目的である「言語を使って意思を通じさせる」というおいしいところは後回しにして、「それは卒業してからやりなさい」といっているようなものです。本書の付録で紹介していますが、ゼロから始めて、週4時間、3カ月の学習で15分の会話ができるようになる外国語学習プログラムもあるのです。

補章　生成ＡＩの衝撃

本書の新版を書いている２０２４年、大きな話題になっているのが、生成ＡＩ（Generative Artificial Intelligence、生成的な人工知能）です。特に、２０２２年の年末に公開されたChatGPTが注目されています。このＧＰＴを、人間ドックの時に使われる指標のガンマＧＴＰと混同してChatGTPと言ってしまう人も多いのですが、ＧＰＴはGenerative Pre-trained Transformerの略で、「前もって訓練された、生成的な変換装置」という意味です。これだけではよくわかりませんが、Generative AIのキーワードであるgenerativeの意味は、「生成する、作り上げる」というものです。具体的に、どこが「生成的」なのかというと、「学習した内容だけでなく、学習したことにもとづいて、新しい内容を作り出せる」ところです。

どのようにしてこのようなことが可能になったかというと、主たる貢献は、「コネクショニズム」とか、「ニューラルネットワーク」と呼ばれる、コンピューターによる機械学習のシステムです。１９４０年代にその研究は始まり、１９８０年代、２０００年代に計算方式のブレークスルー（後述）があって、それとともに、機械学習を可能にするコンピューターの計算能力が高まったことにより、巨大なデータベースを学習のために処理することが可能になりました。

ニューラルネットワークというのは、脳内の神経回路網を模したコンピューター学習のシステムで、1950年代にはインプットとアウトプットの2層構造だったのが、80年代に一般化を司る隠れ層（hidden layer）を使うことにより学習能力が格段に向上したのです。そして、2000年代から2010年代には、さらにその階層的学習のレベルを増やし、深い層構造を使って学習をすることにより、学習能力が飛躍的に向上しました。それがディープラーニング（深層学習）です。このような、ニューラルネットワークによる機械学習に関する研究の功績により、プリンストン大学のジョン・ホップフィールド、トロント大学のジェフリー・ヒントンに対して、2024年のノーベル物理学賞が授与されました。

ディープラーニングを使って、さまざまな学習が可能になったのですが、主に現在のChatGPTなどの生成AIを支えているのが、大規模言語モデル（Large Language Models＝LLM）です。膨大な言語使用のデータを学習させることによって、まるで人間と会話する（chat）かのように答えてくれるシステムが出来上がったのです。そして、会話するだけでなく、さまざまなタスクがこなせるために、社会に大きな衝撃を与えています。

フェイクを見破ることが困難に

たとえば、あるトピックについて、レポートを書いてくれと頼めば、それなりのものを書いてくれます。今まで学習した言語データをただ繰り返すだけでなく、そこでゲットした知識を使って、新しい言語データを作り出すという創造性をもっていて、それが社会に多大な影響を与えています。学生がChatGPTを使ってレポートを書いてきたら、どうでしょう。そのトピックについて、学生は何もわかっていなくても、それなりの内容ができてくるので、及第点はもらえるでしょう。先生の側は、これは学生が自分で書いたのか、AIに書いてもらったのか、疑心暗鬼になってしまいます。ChatGPTを使って書かれた本もすでに出版されています。

また、ディープラーニングを使って視覚データを学習することも可能で、学習した知識を使って、本物らしく見える画像や動画、フェイクニュースなども作ることができます。まさに、何が本物で何がフェイクなのかわからないような時代になってきているのです。

外国語学習への応用

生成AIの外国語学習への応用も、急速に進んでいます。最も需要が多く、応用が進んでいるのが、英語学習・教育への応用ですが、長期的には多くの他の言語でも同じことが可能になるでしょう。

まず、ChatGPTなどの大規模言語モデルにもとづいたシステムは、間違った英語を生成することはほとんどありません。何か質問をすれば、正しい英語で、人間らしい応答をしてくれます。書き言葉、話し言葉を使って、無限に会話練習ができます。また、英語の文を書いて、間違いを直してもらうこともできます。ChatGPTを使った英語学習の具体的方法については、ウェブ上にたくさん載っていますので、検索してみてください。

生成AIの問題点

このように、驚くべきスピードで私たちの生活に入り込んでいる生成ＡＩですが、良いことばかりではありません。まず、人工知能といえば、自動ですべて動くような印象を与えますが、実は学習をより効率よくするために、人によるフィードバックが必要で、この作業を給料が安くて済む発展途上国で主におこなっています。余談になりますが、ChatGPTを使って自分の英語の間違いを直してもらおうと、使ってみたところ、普段自分が使わないような単語がどんどん使われて、あまり気分が良くなかったので、やめました。そのときに気づいたのは、ChatGPTが好んで使う単語があるということです。delve, interplay, intricateなどの単語です。このような単語は自分で英語を書くときには全く使わないので、違和感がありました。そして、アメリカの大学生の書くレポートにも、このような表現が頻繁に出てくることに気づき、そうすると、この学生はChatGPTで書いているのではないかと疑ってしまいます。後から聞いたことですが、ナイジェリア英語ではdelveがよく使われるようで、人間によるフィードバックの作業をナイジェリアでやっていたからではないかということです。また、生成ＡＩには大量の機械学習が必要で、そのためには膨大な電力が消費されるために、環境にはやさしくありません。

さらに、ＡＩが差別をするということも報告されています。たとえば、医者といえば男性、というようなステレオタイプを、大規模な言語データを使って学習しているうちに、ＡＩも学んでしまうという問題があります。次に、ＡＩが人間から仕事を奪ってしまう、ということが起こっています。これまで人がやっていた仕事をＡＩにやらせるわけですから、当然のように失業の問題が出てきます。ＡＩによる自動音声のニュースなどを見かけるようになりましたが、その裏ではアナウンサーの失業ということが実際に起こるわけです。また、生成ＡＩには有料のサービスがあり、それは先進国の人にとってはアクセスできても、発展途上国の人々にとっては支払い不可能なものとなっており、そこで経済格差が固定、また拡大することになると言われています。以上のように、ＡＩの広がりには、ＳＤＧｓ的にはあまり

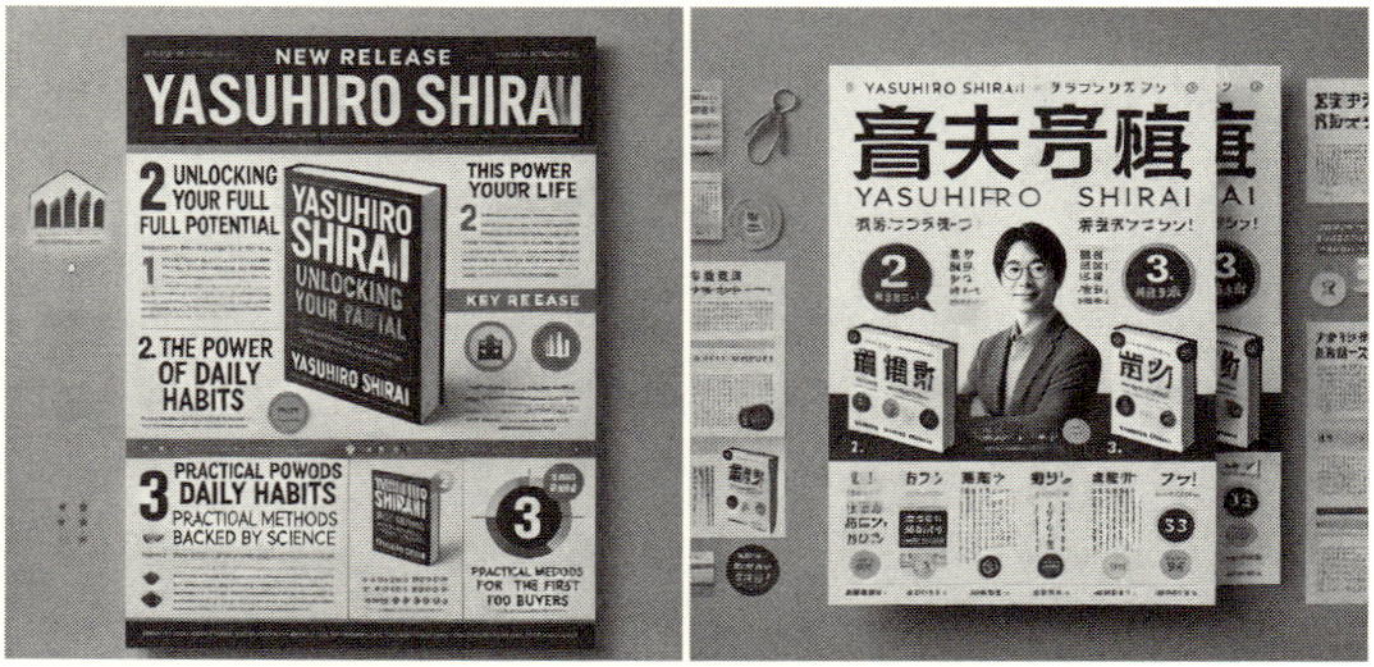

図７　ChatGPT（2024 年 9 月，無料版）が生成した白井恭弘の書籍の宣伝用チラシ
プロンプトは「白井恭弘さんの本の売り上げを上げるためのフライヤーを作ってください」だったが，英語のチラシ（左）を作ってきたので，「白井さんの著書は外国語学習の科学，ことばの力学，などが有名です．作り直してもらえますか．あと，日本語のフライヤーをお願いします」と追加した（右）．画像データはまったく入力していない．

良くない側面が多々あります。

ハルシネーション

生成ＡＩが「できること」には驚くべきものがありますが、一方で「できないこと」も多々あります。たとえば、生成ＡＩは明らかな間違いを犯してしまうことがわかっており、専門家はこれを「幻覚」「ハルシネーション」と呼んでいます。筆者は競馬が好きで、２０２３年春、ChatGPTに、ハーツクライを父親とする競走馬のドバイ競馬での成績はどうか、と聞いてみたところ、ハーツクライの産駒を５頭取り上げていたのですが、そのうちの4頭はハーツクライではなく、ディープインパクトの子供でした。ハーツクライもディープインパクトも、どちらもサンデーサイレンスの子供で似通った特徴をもっており、要するに、知らないときはそれに性質が近いものをChatGPTが生成してしまう、という問題点が指摘されています。また、同じ質問を日本語でしたときと、英語でしたときに、答えが微妙に違っていました。答えは同じはずなのに！

結局、人工知能といっても、本当の知性があるわけではなく、これまでに学習したデータにもとづいて、ありそうなものを生成するだけなのです(図7参照)。このような間違いによって、大きな事故が起こったり、戦争が始まったりする危険性も取り沙汰されています。

うまく付き合うことが肝心

このような問題点はあるものの、生成ＡＩはかなり複雑なタスクもこなしてくれるので、人間などによる体系的なチェックが行き届いていれば、果てしない利用可能性があります。先に触れた、人間によるフィードバックの必要性も、今後の技術革新で減ってくるかもしれません。人間にとってより良い使い方ができるように、うまく生成ＡＩと付き合っていくことが重要になるでしょう。たとえば、フェイクニュースなどは、今のままでは野放しになりそうです。混乱を招かないように、政府が法律で規制するなどの対策が必要でしょう。

付録　知っておきたい外国語学習のコツ

インプット

- インプットを理解するには背景知識が重要になる。よって、自分で学習教材を選ぶときには、自分の興味分野でよく知っている内容を、読んだり聞いたりするとよい。自分の専門分野(たとえば、国際経済)とか、興味分野(たとえば、テニス、音楽)などについて、徹底的に読んだり、聞いたりする。そうすると、外国語能力の足りないところは推測でき、しかも推測することにより知らない単語が習得される。その分野の単語がどんどん増えるのでさらに理解度が高まり、その分野ならかなりのレベルで対応できるようになる。これで、コアの語学力が身につく。あとは、別の分野に慣れればよい(主に単語と背景知識を増やせばよい)。
- リスニングは、聞いても20パーセントしかわからないような教材を聞くより、80パーセント以上わかる教材を何度も聞いたほうがよい(予測文法が身につく)。

・リスニング教材は、スクリプト（音声を文字化したもの）があれば、聞き取れないところを文字で確認してから、もう一度聞くとよい。
・外国語「を」勉強するのではなく、外国語「で」情報を入手する。
・ほとんどわからないものでも、聞かないよりは聞いたほうがよい。処理のレベルは低くとも、音声情報は脳が処理しているからだ。たとえば、CNNをずっと流したまま他のことをやっていて、何のニュースかわからない程度の処理レベルでも、Japanとか、Ohtaniなどの単語が聞こえると耳を傾け始める、という現象がある。これは、まったく聞いていないのではなく、音を脳が処理していることを示している。よって、外国語の音声（リズムなど）に慣れる効果があるはず。

アウトプット

・アウトプット（話すこと・書くこと）は、毎日少しでもやる。日記をつけたり、ひとりごとを録音したり、外国語学習の仲間と電話で話す、英会話喫茶などに通う、インターネットでチャットをする、など。そうすると、インプットのときの処理レベルが高まり、リハーサルの機会も増える。
・話す練習をするときは、まず意味を通じさせることを第一にし、同時に余裕があれば、正しい文を言うようになるべく努力する。音声的にもなるべく正しい発音をするよう注意を払い、正確さと流暢さのバランスをとるようにする。通じさえすればいい、という態度は、長期的には、あまりよくない。

- 話すときには、「コミュニケーションストラテジー」を使う。（コミュニケーションストラテジーとは、コミュニケーション上の問題が起こったときにうまく対処する戦略のこと。）たとえば、次に言うことを考えているときに、英語ならば、well..., um..., you know..., what do you call it... などと言って、時間を稼ぐ。また、言いたい単語が思いつかないときには、別の簡単な表現で言い換える。たとえば、「体育館」を指すことば(gym)がわからなかったら、the building where you play basketball などと言う。

単語・熟語

- 単語や熟語は、文脈の中で覚える。丸暗記はなるべく避ける。知らない単語や熟語があっても、なるべく推測する。（無理はしなくてよいが。）

発音・音声

- 音声に関しては、難しい発音の仕方(とくに日本語にないｌとｒ、ｂとｖの区別など)は、確認しておき、意識すれば発音できるようにしておく。練習としては、意味、構文をすでに理解しているテキストの音声を使って、発音、リズム、イントネーションなどできるだけ正確にまねて何度もリピート、もしくはシャドウイングをする。（シャドウイングとは、外国語の音を聞きながら、少し遅れて同じように言う練習のこと。）

文法

- 文法は、基本的なもの（英語なら中学〜高校1年程度のもの）について、文をつくれるレベル、つまりアウトプットできる程度までマスターしておく。説明を読んでも理解できないような難しい文法は無視してもいい。

動機づけ

- 動機づけはどのようなものでもよいから高めるように工夫する。授業をとる、仲間と一緒に勉強する、好きな内容の教材を使う、楽しい活動をする、資格試験を受ける、など。また外国のことに興味をもつように努力する。興味がわけば、その内容について詳しくなるのでインプットの理解が高まり、それがまた相乗効果で動機づけが高まるはず。

3カ月の学習で15分間会話ができるようになる学習法

ここで、実際に効果をあげているプログラムを紹介しよう。

カーネギーメロン大学の第二言語習得研究者、甲田慶子が開発した日本語学習プログラムだが、ゼロから始めた学生が、50分×週4回、3カ月の授業で、学期末には15分間会話ができるようになる。（もちろん、学生は日本語だけ勉強しているのではなく、他の科目もとっている。）さらに、上級では日本語を教わるのでなく、「日本語で」内容のあるコースを教わるレベルまで到達するそうだ。日本では、中高6年間勉強しても英語で15分間会話ができる人があまりいないことを考えると、参考にすべき点は多い。

授業の中心となる活動は、その日に導入された文法項目を使った学生どうしのインタビューである。会話内容は、自分のことやクラスメートのことで、友人、出身、趣味、家族、授業、先生、自分のアパート、冬休みの予定、などについて、お互いにインタビューする。インタビューで得た情報をノートにメモしておき、宿題としてクラスメートや自分のことについて書く、というもの。また、評価も重要なポイントで、学期末試験の一部として実際に15分会話をさせ、それが成績の10パーセントを占めている。

このように、初級の段階から身近な内容について意味と形式の両方に注意を払って自然なコミュニケーションをしていけば、比較的短期間で、「限られた文法、単語を使って、限られた内容について」流暢なコミュニケーションができるようになる。あとは、文法項目、単語・熟語の知識を増やしていけばよい。

おわりに

本書の第2章、第3章、第5章の内容は、1998年12月に開催された第二言語習得研究会の第9回全国大会において名古屋外国語大学で行った基調講演にもとづいています。さらに、その2年後の2000年12月に、お茶の水女子大学大学院日本語教育コースの招きにより、大略同じ構成の講演を東京で行い、その録音をもとに補筆・再構成したものが、『言語文化と日本語教育』増刊号「第二言語習得・教育の研究最前線(2003)」(日本言語文化学研究会発行、凡人社発売)に収録されています。なお、この論文集の編纂にあたっては、文部科学省科学研究費「第二言語としての日本語習得研究のレビュー論文集編纂と刊行・オンライン配信」(代表：佐々木嘉則)による助成を受けています。録音の文字化と編集作業は、お茶の水女子大学の佐々木嘉則氏の監修のもとで大関浩美・谷内美智子・森塚千絵・遠山千佳の四氏が担当しました。ここに感謝の意を表します。もとの講演は日本語教育関係者や第二言語習得研究者を対象にしたものだったので、今回、一般読者を対象に大幅に書き換え、また加筆し、分量的にも講演録の倍以上になっています。

本書は、一般向けに、わかりやすく説明することを第一の目的として書きました。身近な具体例を多用し、細部にわたっては、複雑な問題を多少単純化したところもあります。本書を読むことで、第二言語習得という若い研究分野に興味をもっていただければ、それに勝る喜びはありません。また、外国語を学習している読者の方や、英語、日本語などの第二言語を教える教師の方が、第二言語習得のプロセスをより客観的、科学的に考えるきっかけになれば幸いです。本書で紹介したことは膨大な第二言語習得研究のごく一部です。この本を手始めに、巻末参考文献に紹介されている、より専門的な本に進んでいただければと思います。

本書を書き上げることができたのは、まさに多くの先人のおかげです。特に、上智大学コミュニティカレッジのコースで第二言語習得研究の世界に導いてくださった上智大学の吉田研作先生、慶應義塾大学の田中茂範先生(当時は茨城大学)、また、カリフォルニア大学ロサンゼルス校での恩師ロジャー・アンダーセン、マリアン・セルス＝マーシア、エブリン・ハッチ、ジョン・シューマンの諸先生方には、言語習得研究の面白さを教えていただきました。

なお、名古屋学院大学の佐々木みゆき、お茶の水女子大学の佐々木嘉則・大関浩美の諸氏には、本書の草稿に目を通してもらい、貴重なコメントをいただきました。

最後になりましたが、岩波書店の浜門麻美子さんにはいろいろと相談にのっていただきました。

２００４年春　香港にて

新版への追記

本書の初版、またその続編とも言える『外国語学習の科学』（岩波新書、２００８）の出版に、また第二言語習得研究に多大な貢献をした、故佐々木嘉則さん（１９５６—２０１０）に本書を捧げたいと思います。（第二言語習得研究会（ＪＡＳＬＡ）では佐々木さんの功績を讃えて、２０１２年に「佐々木嘉則賞」を設けています。）

２０２４年秋　クリーブランドにて

参考文献

プロローグ

Cooke, S.(2020) Using Q methodology to examine the effect of imagery training on possible second language selves among basic English users. *Konińskie Studia Językowe*, 8(2), 121–141.

第 1 章

郭俊海・大北葉子(2001)「シンガポール華人大学生の日本語学習の動機づけについて」『日本語教育』110 号, 130–139.

Dörnyei, Z.(2001) *Teaching and researching motivation*. London: Longman.

Gardner, R. C. & MacIntyre, P. D.(1991) An instrumental motivation in language study: Who says it isn't effective. *Studies in Second Language Acquisition*, 13, 57–72.

Gardner, R. C. & MacIntyre, P. D.(1997) A students' contribution to second language learning, Part II: Affective variables. *Language Teaching*, 26, 1–11.

Yashima, T., Zenuk-Nishide, L. & Shimizu, K.(2004) The influence of attitudes and affect on willingness to communicate and second language communication. *Language Learning*, 54, 119–152.

第 2 章

佐々木みゆき(1987) Is UGUISU an exceptional case of "idiosyncratic variation"? Another counterexample to the "Natural Order"『教育学研究紀要(中国四国教育学会)』32(2), 170–174.

田中茂範・阿部一(1988/1989)「外国語学習における言語転移の問題(1)～(3)——歴史的背景と現状」『英語教育』11 月号, 32–35, 12 月号, 38–40, 1 月号, 78–81.

寺内正典(1994)「形態素の習得」SLA 研究会(編)『第二言語習得研究に基づく最新の英語教育』大修館書店, 24–48.

Andersen, R.(1983) Transfer to somewhere. In S. Gass & L. Selinker(Eds.), *Language transfer in language learning*. Rowley, MA: Newbury House,

177–201.

Dulay, H. & Burt, M.(1973)Should we teach children syntax? *Language Learning*, 23, 245–258.

Hakuta, K.(1976)Becoming bilingual: A case study of a Japanese child learning English. *Language Learning*, 26, 321–351.

Kellerman, E.(1978)Giving learners a break: Native speaker intuition as a source of predictions about transferability. *Working Papers on Bilingualism*, 15, 59–92.

Koda, K.(1989)The effects of transferred vocabulary knowledge on the development of L2 reading proficiency. *Foreign Language Annals*, 22, 529–540.

Krashen, S.(1978)The monitor model for second language acquisition. In R. Gingras(Ed.), *Second language acquisition and foreign language teaching*. Arlington: Center for Applied Linguistics, 1–26.

Krashen, S.(1981)*Second language acquisition and second language learning*. New York: Pergamon.

Luk, Z. P. S. & Shirai, Y.(2009)Is the acquisition order of grammatical morphemes impervious to L1 knowledge? Evidence from the acquisition of plural *-s*, articles, and possessive *'s*. *Language Learning*, 59(4), 721–754.

McClelland, J. L.(2014)Learning to discriminate English /r/ and /l/ in adulthood: Behavioral and modeling studies. *Studies in Language Sciences: Journal of the Japanese Society for Language Sciences*, 13, 32–52.

Odlin, T.(1989)*Language transfer*. Cambridge: Cambridge University Press.

Shirai, Y.(1992)Conditions on transfer: A connectionist approach. *Issues in Applied Linguistics*, 3, 91–120.

第3章

李良枝(1993)「かずきめ」『李良枝全集』講談社, 61–95.

金徳龍(1991)「在日朝鮮人子女のバイリンガリズム」ジョン・C. マーハ, 八代京子(編)『日本のバイリンガリズム』研究社出版, 125–148.

Busch, D.(1982)Introversion–extroversion and the EFL proficiency of Japanese students. *Language Learning*, 32, 109–132.

Ellis, R.(1994) *The study of second language acquisition*. Oxford: Oxford University Press.(Ch. 6)

Guiora, A., Beit-Hallahmi, B., Brannon, R., Dull, C. & Scovel, T.(1972)The effects of experimentally induced changes into ego states on pronunciation ability in a second language: An exploratory study. *Comprehensive Psychiatry*, 13, 421–428.

Jia, G. & Aaronson, D.(2002)Learning English as a second language by U. S. immigrants: What accounts for their ultimate attainment in the new language? In Y. Shirai, H. Kobayashi, S. Miyata, K. Nakamura, T. Ogura & H. Sirai(Eds.), *Studies in language sciences*, 2. Tokyo: Kurosio, 243–259.

Jia, G. & Aaronson, D.(2003)A longitudinal study of Chinese children and adolescents learning English in the United States. *Applied Psycholinguistics*, 24(1), 131–161.

Johnson, J. & Newport, E.(1989)Critical period effects in second language learning: The influence of maturational state on the acquisition of English as a second language. *Cognitive Psychology*, 21, 60–99.

Krashen, S., Long, M. & Scarcella, R.(1979)Age, rate, and eventual attainment in second language acquisition. *TESOL Quarterly*, 13, 573–582.

Long, M. H.(1990)Maturational constraints on language development. *Studies in Second Language Acquisition*, 12, 251–286.

Offrede, T. F., Jacobi, J., Rebernik, T., de Jong, L., Keulen, S., Veenstra, P., Noiray, A. & Wieling, M.(2021)The impact of alcohol on L1 versus L2. *Language and Speech*, 64(3), 681–692.

Renner, F., Kersbergen, I., Field, M. & Werthmann, J.(2018)Dutch courage? Effects of acute alcohol consumption on self-ratings and observer ratings of foreign language skills. *Journal of Psychopharmacology*, 32(1), 116–122.

Robinson, P.(2002)Effects of individual differences in intelligence, aptitude and working memory on adult incidental SLA: A replication and extension of Reber, Walkenfield and Hernstadt, 1991. In P. Robinson(Ed.), *Individual differences and instructed language learning*. Amsterdam: John Benjamins, 211–266.

Scovel, T.(2001)*Learning new languages: A guide to second language acquisition*. Boston, MA: Heinle & Heinle.

Skehan, P.(1989)*Individual differences in second-language learning*. London: Edward Arnold.

Sparks, R. L.(2023)Foreign language learning and learning disabilities: An

historical, empirical, and cultural perspective for policies and procedures. *Journal of Disability Policy Studies*, 35, 154–165.

Strong, M. (1983) Social styles and the second language acquisition of Spanish-speaking kindergartners. *TESOL Quarterly*, 17, 241–258.

第 4 章

白井恭弘 (2024)「インプット仮説の 50 年」『新英語教育』10 月号, 20–21.

高野陽太郎 (2002)「外国語を使うとき——思考力の一時的な低下」海保博之・柏崎秀子 (編)『日本語教育のための心理学』新曜社, 15–28.

Asher, J. J. (1982) The total physical response approach. In R. W. Blair (Ed.), *Innovative approaches to language teaching*. Rowley, MA: Newbury House, 54–66.

Bialystok, E. (1988) Psycholinguistic dimensions of second language proficiency. In W. Rutherford & M. Sharwood Smith (Eds.), *Grammar and second language teaching*. NY: Newbury House, 31–50.

Krashen, S. (1985) *The input hypothesis: Issues and implications*. London: Longman.

Lightbown, P. M., Halter, R., White, J. L. & Horst, M. (2002) Comprehension-based learning: The limits of "do it yourself". *Canadian Modern Language Review*, 58 (3), 427–464.

O'Malley, J. & Chamot, A. (1989) *Learning strategies in language learning*. Cambridge: Cambridge University Press.

Postovsky, V. (1974) Effects of delay in oral practice at the beginning of second language learning. *The Modern Language Journal*, 48, 229–239.

Sachs, J., Bard, B. & Johnson, M. L. (1981) Language learning with restricted input: Case studies of two hearing children of deaf parents. *Applied Psycholinguistics*, 2, 33–54.

Swain, M. (1985) Communicative competence: Some roles of comprehensible input and comprehensible output in its development. In S. Gass & C. Madden (Eds.), *Input in second language acquisition*. Rowley, MA: Newbury House, 235–253.

第 5 章

Corder, S. P. (1967) The significance of learners' errors. *International Re-*

view of Applied Linguistics, 5, 161–170.

Eckman, F., Bell, L. & Nelson, D.(1988) On the generalization of relative clause instruction in the acquisition of English as a second language. *Applied Linguistics*, 9, 1–20.

Gass, S., Fleck, C., Leder, N. & Svetics, I.(1998) Ahistoricity revisited: Does SLA have a history? *Studies in Second Language Acquisition*, 20, 407–421.

Kanagy, R.(1994) Developmental sequences in learning Japanese: A look at negation. *Issues in Applied Linguistics*, 5, 255–277.

Krashen, S.(1982) Theory versus practice in language training. In R. W. Blair(Ed.), *Innovative approaches to language teaching*. Rowley, MA: Newbury House, 15–30.

Lightbown, P. & Spada, N.(1999) *How languages are learned*.(2nd ed.) Oxford: Oxford University Press.(Ch. 6)

Long, M.(1983) Does second language instruction make a difference: A review of research. *TESOL Quarterly*, 17, 359–382.

Meisel, J., Clahsen, H. & Pienemann, M.(1981) On determining developmental stages in natural second language acquisition. *Studies in Second Language Acquisition*, 3, 109–135.

Oller, J. W., Jr.(1983) Some working ideas for language teaching. In J. Oller & P. Richard-Amato(Eds.), *Methods that work: A smorgasbord of ideas for language teachers*. Rowley, MA: Newbury House, 3–19.

Pinker, S.(1989) *Learnability and cognition: The acquisition of argument structure*. Cambridge, MA: MIT Press.

Schachter, J.(1974) An error in error analysis. *Language Learning*, 27, 205–214.

Schumann, J.(1979) The acquisition of English negation by speakers of Spanish: A review of the literature. In R. Andersen(Ed.), *The acquisition and use of Spanish and English as first and second languages*. Washington, D. C.: TESOL, 3–32.

Shirai, Y.(1997) Linguistic theory and research: Implications for second language teaching. In G. R. Tucker & D. Corson(Eds.), *The encyclopedia of language and education, Vol. 4: Second language education*. Dordrecht: Kluwer Academic, 1–9.

Stauble, A.(1984) A comparison of the Spanish–English and Japanese–English interlanguage continuum. In R. Andersen(Ed.), *Second languages: A cross-linguistic perspective*. Rowley, MA: Newbury House, 303–353.

Thomas, M.(1998) Programmatic ahistoricity in second language acquisition theory. *Studies in Second Language Acquisition*, 20, 387–405.

White, L.(1991) Adverb placement in second language acquisition: Some effects of positive and negative evidence in the classroom. *Second Language Research*, 7, 133–161.

Zobl, H.(1985) Grammars in search of input and intake. In S. Gass & C. Madden(Eds.), *Input in second language acquisition*. Rowley, MA: Newbury House, 329–344.

補章

尾崎隆(2024)「生成 AI による「慣用表現の『乗っ取り』」と，その根底にある別の問題と」 https://tjo.hatenablog.com/entry/2024/05/31/171000#f-a338571d.

Shirai, Y.(2019) *Connectionism and second language acquisition*. New York: Routledge.

一般的参考文献

SLA 研究会(編)(1994)『第二言語習得研究に基づく最新の英語教育』大修館書店.

大喜多喜夫(2000)『英語教員のための応用言語学——ことばはどのように学習されるか』昭和堂.

大関浩美(2010)『日本語を教えるための第二言語習得論入門』くろしお出版.

奥野由紀子(編著)(2021)『超基礎・第二言語習得研究』くろしお出版.

小柳かおる(2021)『日本語教師のための新しい言語習得概論(改訂版)』スリーエーネットワーク.

迫田久美子(2020)『日本語教育に生かす第二言語習得研究(改訂版)』アルク.

佐々木嘉則(2010)『今さら訊けない…第二言語習得再入門』凡人社.

白井恭弘(2008)『外国語学習の科学——第二言語習得論とは何か』岩波書店.

白井恭弘(2013)『英語はもっと科学的に学習しよう——SLA(第二言語習得論)から見た効果的学習法とは』中経出版／KADOKAWA.

白井恭弘(2023)『英語教師のための第二言語習得論入門(改訂版)』大修館書

店.
鈴木渉(編)(2017)『実践例で学ぶ第二言語習得研究に基づく英語指導』大修館書店.
中田達也・鈴木祐一(編)(2022)『英語学習の科学』研究社.
畑佐由紀子(編)(2003)『第二言語習得研究への招待』くろしお出版.
馬場今日子・新多了(2016)『はじめての第二言語習得論講義 —— 英語学習への複眼的アプローチ』大修館書店.
山岡俊比古(1997)『第2言語習得研究(新装改訂版)』桐原ユニ.
Brown, H. D.(1980) *Principles of language learning and teaching*. Englewood Cliffs, NJ: Prentice Hall.（阿部一・田中茂範 訳(1983)『英語教授法の基礎理論』金星堂）
Bialystok, E. & Hakuta, K.(1994) *In other words*. New York: Basic Books.（重野純 訳(2000)『外国語はなぜなかなか身につかないか』新曜社）
Cook, V. J.(1991) *Second language learning and language teaching*. London: Arnold.（米山朝二 訳(1993)『第2言語の学習と教授』研究社出版）[原著は5版(2016)]
Ellis, R.(1985) *Understanding second language acquisition*. Oxford: Oxford University Press.（牧野高吉 訳(1988)『第2言語習得の基礎』ニューカレントインターナショナル）
Ellis, R.(1994) *The study of second language acquisition*. Oxford: Oxford University Press.（金子朝子 抄訳(1996)『第二言語習得序説』研究社出版）
Larsen-Freeman, D. & Long, M. H.(1991) *An introduction to second language acquisition research*. London: Longman.（牧野高吉・萬谷隆一・大場浩正 訳(1995)『第2言語習得への招待』鷹書房弓プレス）
Lightbown, P. & Spada, N.(2013) *How languages are learned*.(4th ed.) Oxford: Oxford University Press.（白井恭弘・岡田雅子 訳(2014)『言語はどのように学ばれるか——外国語学習・教育に生かす第二言語習得論』岩波書店）[原著は第5版が2021年に出ている]

白井恭弘

上智大学外国語学部英語学科卒業．浦和市立高校教諭（在職中に早稲田大学専攻科英語英文学専攻修了）を経て，カリフォルニア大学ロサンゼルス校に留学，修士課程（英語教授法専攻），博士課程（応用言語学専攻）修了，Ph.D.（応用言語学）．大東文化大学英語学科助教授，コーネル大学現代語学科助教授，同アジア研究学科准教授，香港中文大学日本研究学科教授，ピッツバーグ大学言語学科教授などを経て，現在ケースウェスタンリザーブ大学認知科学科教授．専門は言語学，言語習得論．

著書に『外国語学習の科学』『ことばの力学』（ともに岩波書店），『英語教師のための第二言語習得論入門』（大修館書店），『英語はもっと科学的に学習しよう』（中経出版／KADOKAWA），*Connectionism and second language acquisition*（Routledge），*The handbook of East Asian psycholinguistics: Vol. 2, Japanese*（Cambridge University Press, 共編著）などがある．

岩波科学ライブラリー 330

新版　外国語学習に成功する人、しない人
——第二言語習得論への招待

2025年2月20日　第1刷発行

著　者　白井恭弘《しらいやすひろ》

発行者　坂本政謙

発行所　株式会社 岩波書店
〒101-8002 東京都千代田区一ツ橋2-5-5
電話案内 03-5210-4000
https://www.iwanami.co.jp/

印刷・理想社　カバー・半七印刷　製本・中永製本

ISBN 978-4-00-029730-1　　Printed in Japan

●岩波科学ライブラリー〈既刊書〉

325
長田義仁
生命はゲルでできている
定価一五四〇円

ゼリーや豆腐など、水を含んでブヨブヨ、プルプルしているのはみんなゲル。私たちのカラダの大部分はゲルでできている。生命活動に不可欠なしなやかさを備えるばかりか、物質・エネルギーの輸送も担うゲルのしくみとは。

326
国立科学博物館筑波実験植物園 編著
植物園へようこそ
定価一六五〇円

癒されて驚かされる世界の植物たちのとっておきの楽しみ方を研究者が語ります。植物を集めて育て、調べて守る、知られざる裏側の奮闘まで熱く紹介。きっと好きになる、もっと好きになる、植物園ガイドブック。

327
河東泰之
数学者の思案
定価一七六〇円

数学者になれる中高生を見抜くことはできるか。答えが一つの数学の試験採点は容易か。数学者になるまでの道はどんなものか。世間のイメージとも他分野の理系研究者の感覚とも異なる数学者の実像と思考法がうかがえるエッセイ。

328
岡野原大輔
生成AIのしくみ　〈流れ〉が画像・音声・動画をつくる
定価一六五〇円

驚くべき進展をみせている生成AIの核心を〈流れ〉の概念で解き明かす。AI実装で先端を行く著者が、拡散モデルを始めとして重要な概念の意味を明快に解説。数式をつかわずに言葉で伝える画期的入門書！

329
山内一也
ファージ・ハンター
病原菌を溶かすウイルスを探せ！
定価一五四〇円

薬剤耐性菌の脅威が増す中、細菌のウイルス＝ファージを用いる療法が復活する。分子生物学を誕生させ、医薬品開発の基盤技術ともなっているファージの探究史を、その発見から今日までドラマチックに描きだす。

定価は消費税一〇％込です。二〇二五年二月現在